会计地图
一图掌控企业资金动态

［日］近藤哲朗　冲山诚　著
［日］岩谷诚治　审校
王志红　译

图书在版编目（CIP）数据

会计地图：一图掌控企业资金动态 /（日）近藤哲朗，（日）冲山诚著；王志红译 .—北京：机械工业出版社，2022.7（2024.7 重印）
ISBN 978-7-111-71111-7

I. ①会… II. ①近… ②冲… ③王… III. ①企业会计 – 图解 IV. ①F275.2-64

中国版本图书馆 CIP 数据核字（2022）第 120797 号

北京市版权局著作权合同登记　图字：01-2022-1972 号。

KAIKEI NO CHIZU
by Tetsuro Kondo and Makoto Okiyama
Copyright © 2021 Tetsuro Kondo and Makoto Okiyama
Simplified Chinese translation copyright © 2022 by China Machine Press.
All rights reserved.
Original Japanese language edition published by Diamond, Inc.
Simplified Chinese translation rights arranged with Diamond, Inc.
through BARDON CHINESE CREATIVE AGENCY LIMITED.
This edition is authorized for sale in the Chinese mainland (excluding Hong Kong SAR, Macao SAR and Taiwan). No part of this book may be reproduced or transmitted in any form or by any means, electronic or mechanical, including photocopying, recording or any information storage and retrieval system, without permission, in writing, from the publisher.

本书中文简体字版由 Diamond, Inc. 通过 BARDON CHINESE CREATIVE AGENCY LIMITED 授权机械工业出版社仅限在中国大陆地区（不包括香港、澳门特别行政区及台湾地区）销售。未经出版者书面许可，不得以任何方式抄袭、复制或节录本书中的任何部分。

会计地图：一图掌控企业资金动态

出版发行：机械工业出版社（北京市西城区百万庄大街 22 号　邮政编码：100037）
责任编辑：杨振英
责任校对：李　婷　贾立萍
印　　刷：中煤（北京）印务有限公司
版　　次：2024 年 7 月第 1 版第 5 次印刷
开　　本：147mm×210mm　1/32
印　　张：7.25
书　　号：ISBN 978-7-111-71111-7
定　　价：59.00 元

客服电话：(010) 88361066　68326294

版权所有 · 侵权必究
封底无防伪标均为盗版

前　言

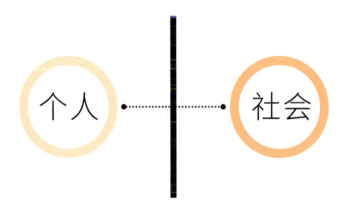

关联个人与社会的会计

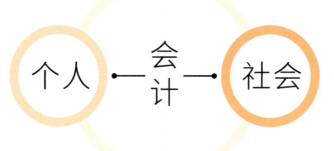

社会以超乎人们想象的方式通过资金进行运转，因此了解会计就能理解个人与社会之间的关联

从个人角度近距离观察

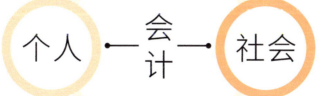

| 本书前半部分的视角 → | ← 本书后半部分的视角 |

为了通过会计看社会,首先从个人角度近距离观察

为什么而工作

准确地讲，现在很多人都从事着"提高收入"或"降低费用"的工作。你的工作是怎样的呢？当然，不能说这两种想法都错了，不可能错。

但是，追求眼前数字，以提高收入和降低费用作为工作的终极目标，难道你不觉得有违和感吗？眼前的工作究竟是为了什么而做的，和什么存在关联，你有没有实际去想过这些问题呢？

我们想过。依我们之见，工作的目的在于培养与社会关联的意识，寻求自身对社会的贡献感，以及明白自己的影响能力。我们要通过眼前的工作，让自己感觉到与社会存在关联，同时也能对社会产生影响。

个人的工作对社会有什么益处呢？

我们想知道答案。

不过，贡献感之类模糊的东西是看不到的。所以，可以通过资金的流转来衡量。资金的流转可以用肉眼观察到。也就是说，可以用数字来表示有多少资金，用在什么地方，是怎样运作的。

不仅工作，生活也是如此。仅凭商品购买就能说明大家和社会经济活动都存在关联。活着本身就是在参与整个社会资金的流转。

但是，反映眼前工作怎样与社会相关联的"箭头"是个黑箱。个人工作和社会的联系，无论如何都很难理解。

确切来说，了解整个社会的资金流转是很困难的。因此，通过观察作为社会主要构成要素之一的"企业"的资金流动，就可以知道个人如何为社会做贡献。

达到这一目的的工具就是"会计"。

会计是世界通用的语言

只要听到谈论会计，很多人就觉得"好像很难"。我们曾经也是如此，以为会计和自己没有关系。

但是，会计属于社会的基础设施，是通用的语言。会计追踪资金的流转，其管理的规则适用于全球范围，正因为如此，大家才能安心工作。

也就是说，会计连接着"我"和"社会"。因为会计是记录资金流转的，所以明白资金在社会中怎么流转，也就了解了社会。

很多人认为要学习会计，就得学习"簿记"。簿记讲的是会计记录，所以属于会计的一部分。"怎么记录"当然很重要，但是实际工作中使用簿记的人是有限的。而真正的会计和所有的商务人士都有关，无关会计的企业活动是不存在的。

话虽如此，仍有很多人找不到"学习会计的理由"。不少人成为管理人员从事经营工作后，才站在为数字承担责任的立场，开始考虑"必须学习会计"。我们认为，那些还没有直接对数字负责的入职第一年的人和学生等，以及今后肩负社会责任的年轻一代，才会发现学习会计的乐趣。

为什么这么说呢？因为会计是通用语言。就像学英语不存在过早之说一样，只要知道会计知识，就可以和任何一代、任何立场的人进行沟通。

为了让迄今为止没有读过会计书的人也能阅读，本书重在介绍基本概念。精通会计工作的人说不定会觉得部分前置内容太长，所以跳过去也无妨。即便是这部分读者，如果能把最后的第 3 部分读一下的话，我们也将备感欣慰。

那么，在开始介绍核心内容之前，先谈谈"怎样学习才能使会计变得有趣"。办法是利用图解的方式，由表及里地进行探究。

真正的会计是什么?

会计是指

**说明企业资金
收入和支出情况的东西**

英语为 accounting,
其中的 account 是"说明"的意思

资金的收入和支出是如何产生的?

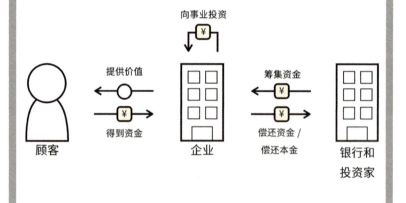

但会计很难理解

- 借方·贷方
- 应付账款
- 明细
- 利润表
- 资产负债表
- 现金流量表
- 负债
- 债权
- 资产
- 结转
- 应收账款
- 当期税前净利润

单说会计就已经感觉不好理解了，
再加上这么多复杂的概念，
感觉更跟自己没什么关系了

为什么会计很难理解呢?

① 术语不好理解

② 关系难以理解

术语本身不好理解,
不同术语之间的关系也难以理解

解决的对策是"会计地图"

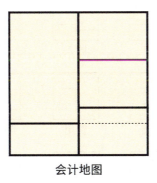

会计地图

通过一张图,可以显示会计的内容概要,
这样就解决了会计难以理解的问题

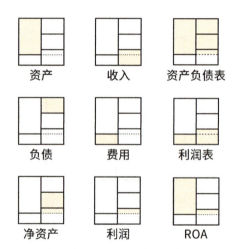

关系也可以用同一张图表示

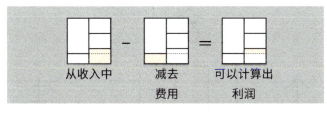

从收入中 — 减去费用 = 可以计算出利润

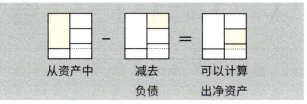

从资产中 — 减去负债 = 可以计算出净资产

采用图示这种方法，
可以直观地理解术语之间的关系

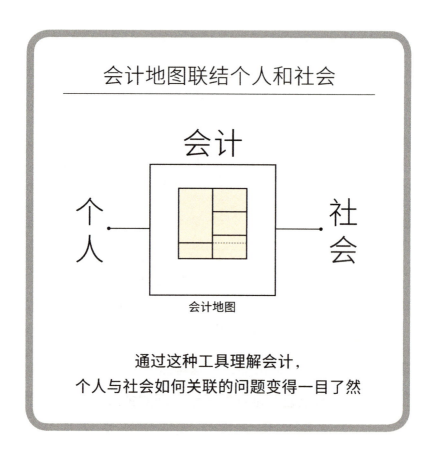

本书试图仅利用一张图，体现会计的整体轮廓。我们把这张图命名为"会计地图"。熟悉会计的人，可能对此会有不满。

对他们来说，可能觉得倾注毕生心血研究会计都不见得能彻底搞懂，但对于我们这样的人来说，这种难度正好。

会计本来不难吗

会计为什么这么难懂啊？其难点有两个：一个是"术语"不好理解，另一个是"关系"难以理解。

会计术语里尽是些意义不明的词汇，"当期税前净利润"以及"固定长期适合率"之类的短语，听起来就像咒语一样。对于习惯了的人来说也许还好，但是对于初学者来说似乎很难，连想象都很不容易。

而且，即使明白了术语的意思，也很难理解不同术语之间的关系。例如，"利润"是通过"收入"和"费用"相减而求得的。只有理解了收入和费用两个概念，才谈得上对利润的理解。

本书介绍的与会计相关的术语，不是一个一个独立的概念，而是存在关联的，并且其关联本身也有意义。如果仅从表面上捕捉所有术语的含义，往往不容易看清整体框架。

这是一本不要求背诵会计术语而应抓住概要的书

将具有这样双重难度的会计，尝试只用一张图来直观地理解，我们把这种工具称为"会计地图"。其新意并非表现在这种写法本身，而是表现在将利润表和资产负债表放在一起的图。针对会计用这样一张图加以解释的书目前几乎找不到。

于是，后面就打算用同样的形式来介绍。因为如果采用同样的形式，就可以"比较"。而如果能比较的话，就能在掌握术语之间关系的同时加深理解。

你可能没有读过会计方面的书，所以除了担心还是担心。不过请放心，一个一个地把这些图读下去的话，你就能明白会计的整体框架。我们写本书的初衷就在于不让任何人再在会计上受挫，经历一次"这样的话好像能理解"的体验。

不过，介绍过程中，多少也夹杂着一些详细的说明。如果你有"难道这些细节也必须理解"的想法，那你可以忽略这些部分。

因此，重要的是培养能够俯瞰会计整体框架的能力。如果读到最后，你想再次学习的话，读一下忽略的那些部分就可以了。

另外，本书为那些即使读到这里，仍"读来感到不安"的人，准备了读完本书的宝物，即RPG（一种角色扮演游戏）中最初国王给予勇者的系谱，这个宝物非常重要。

请看下一页。

整体地图

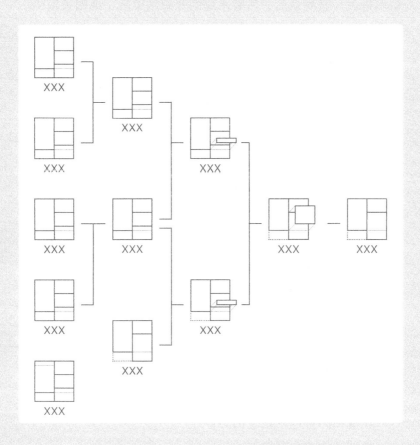

这个白底的写着很多东西的图是"整体地图"。我们想说的话全部都在这张图里。

接下来，将逐一介绍与会计相关的术语。虽然这是一幅什么都没写的空白地图，但随着阅读的深入，内容会一个一个地被填进去。直到最后，所有术语的介绍结束后，地图被填满。

阅读本书过程中感到迷惑，不知"现在谈论的是什么话题"，跟丢了主题时，你就参看一下分散在书中各处的这张地图，希望你能够边确认现在所处的位置，边往下读。

那么，下面就进入对正文的介绍。

第 1 部分的主题是"企业的资金流转"，即针对"个人如何为企业做贡献"进行介绍。

第 2 部分的主题是"企业价值"，即针对"企业可以从社会得到什么"进行介绍。

接下来的第 3 部分介绍的是有关"社会与会计的关联"的话题。综合第 1 部分和第 2 部分的内容，通过会计这个镜头，审视"社会正在怎样不断地发生着变化？今后，社会需要每个商业人士做些什么"。

希望通过本书，你能亲身感受到"会计"世界的乐趣。

为此，希望你把"会计地图"装到头脑中。

看地图可以知道现在的所在地。

循着地图可以到达目的地。

地图让个人去冒险。

会计是个宽广而丰富多彩的世界，如果你能把本书作为行走其中最初的工具来利用的话，我们将不胜荣幸。

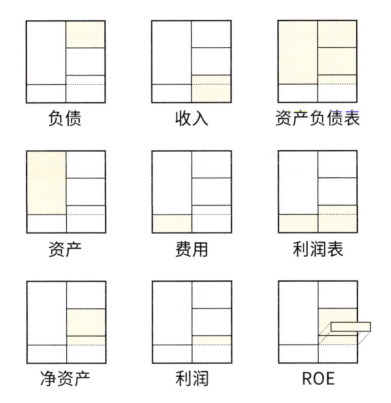

目　　录

前言

- 为什么而工作　　　　　　　　　　　VI
- 会计是世界通用的语言　　　　　　　VII
- 会计本来不难吗　　　　　　　　　　XVII
- 这是一本不要求背诵会计术语而应抓住概要的书　XVII

第 1 部分　个人如何为企业做贡献

- 企业资金的 9 流程示意图　　　　　2

第 1 章　收入

"多少人，每人支付了多少"的合计　　13

- 没有收入就意味着丢掉了工作　　　17
- 收入的分解意味着具体行动的明朗化　17
- 关于"收入"的例子　　　　　　　　19

第 2 章　费用

销售收入为 0 也会发生的支出　　　　23

- 应根据业务活动的特点选择降低费用的方法　27
- 关于"费用"的例子　　　　　　　　29

第3章 利润

"收入"扣除"费用"后的差额 33

- "利润"的重要性压倒性地高于"收入"的理由 37
- "收入－费用"得到利润 37
- 关于"利润"的例子 39

第4章 利润表

反映"向谁分配，剩余利润是多少"的报表 43

- 用于明确"费用用到哪里，金额有多少"的手段 47
- 不断地采用减法进行计算而已 48
- 关于"利润表"的例子 51

第5章 资产

回答"利用什么创造价值"的问题 55

- 资产的范围如此之广 59
- 根据"转换为现金的难易程度"将资产分为两种类型 59
- 理解资产概念时要树立"时间差"观念 60
- 企鹅也可能成为固定资产 60
- 更看重"平衡"而不是"多" 61
- 关于"资产"的例子 62
- 补充资料 折旧 64

第6章 负债

利用得当的话能够使企业获得成长的资金 67

- 负债的"风险"与"报酬"并存 71

　　　　　○ 关于"负债"的例子　　　　　　　　　　73
　　　　　[补充资料] 营运资金　　　　　　　　　　76

第7章　净资产

关于"累积利润如何使用"的归属于股东的资金　　81

- 应将"净资产"解释为股东期待的东西　　85
- 可以看出企业的"安全性"和"获利能力"　　85
○ 关于"净资产"的例子　　87

第8章　资产负债表

凝聚企业历史，能够反映"企业性格"的书面文件　　91

- 资产负债表对经营判断有什么用　　95
- "比较"使分析变得很有趣　　96
○ 关于"资产负债表"的例子　　97

第9章　现金

可以变身一切的最强资产　　101

- "拥有很多现金"未必是好事　　105
- 持有现金蕴藏着"风险"　　105
- 如何知道"应该持有多少现金"　　106
○ 关于"现金"的例子　　107

第10章　现金流量表

能够反映企业所有资金用途的书面文件　　111

- 完整地理解"现金如何取得，又如何使用"　　115

- ● 三个部分联系在一起可以反映"企业的意图" 116
- ○ 关于"现金流量表"的例子 117

第11章 财务三表

将"利润"和"现金"联系在一起的三种书面文件 121

- ● "利润表"与"现金流量表"之间通过"资产负债表"相关联 125
- ● "大家投资的资金是这样使用的，结果是这样的" 126
- ● 商务人士阅读财务三表的意义 126
- ○ 关于"财务三表"的例子 128

第2部分 企业可以从社会得到什么

- ● 5个流程图说明企业价值 136

第12章 市值总额

可以满足人们预期的东西 143

- ● 对市值总额上升推手的真正理解 147
- ○ 关于"市值总额"的例子 149

第13章 商誉

企业凭借创意以及努力等创造的价值 153

- ● "因为是可口可乐，所以选择购买" 157
- ● 商誉源于"个人的创造性" 158
- ○ 关于"商誉"的例子 160

XXV

第14章 PBR

反映商誉的指标	165
● 从"短期""长期"两方面衡量企业价值	169
● 进行股票投资时考虑PBR	169
○ 关于"PBR"的例子	171

第15章 ROE

综合反映"能赚多少钱"的指标	175
● 既是用于企业评价的概念,也是利用财务三表信息可以计算的指标	179
○ 关于"ROE"的例子	181

第3部分 个人可以为社会做点什么

● 会计是透视社会的一个镜头	186
● ESG投资的潮流	186
● 兼顾社会性和经济性的"创造性"	188
● 无形的价值创造今后的时代	189
● 日本社会是否被低估	191
● 激变时代"创造性"成为关键	191
○ 培养"创造性"的方法:"反论的机理"	193
● "创造性"和会计有什么关联	198
● 不属于"会计的书"	199
结束语	201

> 第 1 部分

个人如何为企业做贡献

　　首先,就"资金怎样在企业进行流转"这一问题,直观而形象地做一个描述。

　　从下页开始,用 9 张流程图对企业资金进行介绍。首先提供一张将 9 张图放在一起的总括图,目的在于呈现"企业资金的各种流转存在紧密联系"的理念,之后对 9 张流程图逐一进行详细分解。

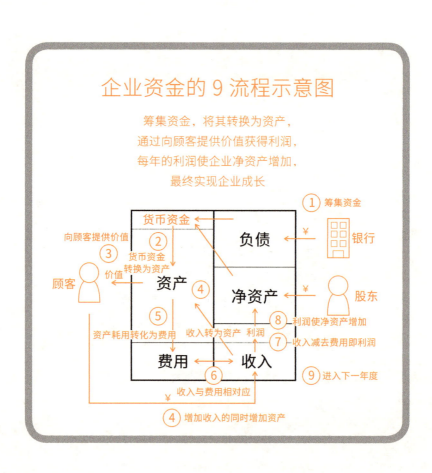

筹集资金

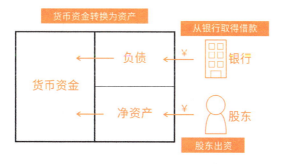

企业活动始于取得银行借款以及获得股东出资,这些资金可以作为货币资金使用

这张图展示的是财务报表中的资产负债表,
右侧表示"资金的来源",左侧表示"资金的用途",
持有货币资金也是资金的用途之一

② 用筹集的资金购买商品

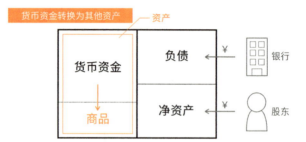

**制造商品的过程中使用货币资金，
用部分货币资金购买商品，
货币资产转化为商品资产**

货币资金如何使用（如何转化成其他资产）取决于企业活动的不同类型，
如果是制造商品，还需要购置设备

③ 向顾客销售商品

然后通过向顾客销售商品的方式提供价值

此处省略了与销售相关联的费用（人工费用、促销费用等），
促销费用是为了增加收入而发生的费用

④ 获得收入，产生应收账款

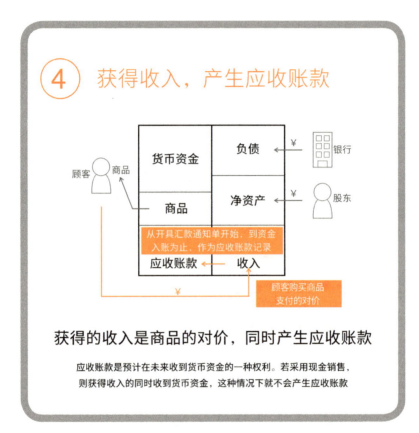

获得的收入是商品的对价，同时产生应收账款

应收账款是预计在未来收到货币资金的一种权利。若采用现金销售，则获得收入的同时收到货币资金，这种情况下就不会产生应收账款

⑤ 商品成本结转为费用

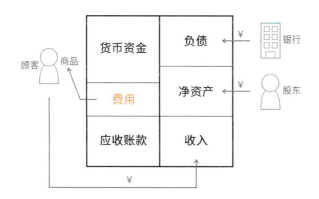

**实现销售后,企业不再拥有商品,
商品价值转化成了为制造商品而发生的费用**

这里的费用称为销售成本。准确地讲,费用(销售成本)就是在计算收入时,从资产(商品等)中扣除的为获取收入而付出的代价

⑥ 收入与费用相对应

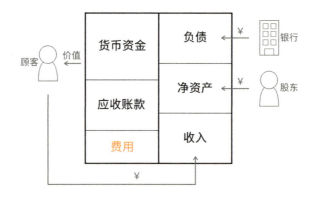

为计算利润,需要将收入与费用进行对应,把费用列在后面

资产(图左侧)中,项目越容易变现,排序越靠前,货币资金排在最前面

⑦ 从收入中扣除费用即利润

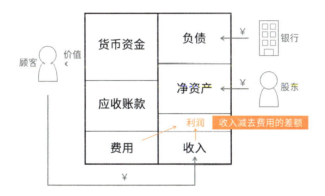

能理解收入和费用的话,利润也就能理解了,
因为收入减去费用的差额就是利润

利润称为"当期净利润"。除制造商品会发生费用(称为销售成本)外,
其实还会发生各种其他费用,这里均予以省略

⑧ 利润并入净资产

产生的利润并入净资产中，
每年都会如此计算，净资产随之逐年增加

利润作为"未分配利润"并入净资产中。计算一年内收入、费用以及利润的报表，称为利润表

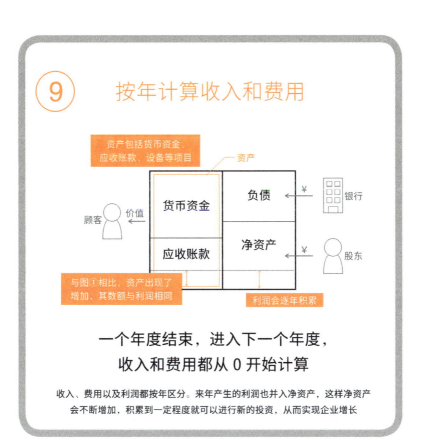

⑨ 按年计算收入和费用

一个年度结束,进入下一个年度,收入和费用都从 0 开始计算

收入、费用以及利润都按年区分。来年产生的利润也并入净资产,这样净资产会不断增加,积累到一定程度就可以进行新的投资,从而实现企业增长

以上就是全部内容，资金在企业中流转的过程大致清楚了吧。也许有读者会讨厌突然冒出来这么多不了解的术语，不过没有关系，这些术语后面都会进行详细介绍，现在记不住也无妨。

最重要的是，所有的企业活动都可以用资金流转来进行解释。

看起来极为复杂的企业资金流转，如果一个一个地仔细推敲的话，反而会发现理解起来很容易。

资金流转过程中涉及的以下术语，将会在第 1 部分中进行解释。⊖

- 收入→费用→利润→利润表
- 资产→负债→净资产→资产负债表
- 现金→现金流量表

这些术语称为"财务三表"，衡量企业经营状况的三种手段中，也会用到这些术语。"财务三表"本身也在围绕这些术语展开介绍。

再次强调一下，没有必要背诵这些术语及其内涵。

只要将大致流程在脑子里留个印象即可。

接下来就对这些术语一一进行详细介绍。

⊖ 本书所使用的"货币资金"基本上包括"库存现金和银行存款"（现金及存款）。

第 1 章

收 入

"多少人，每人支付了多少"的合计

什么是收入？

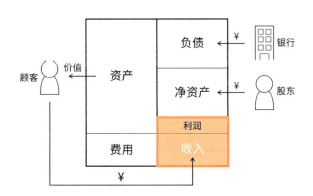

收入是指企业通过销售商品或提供劳务，向客户收取的资金

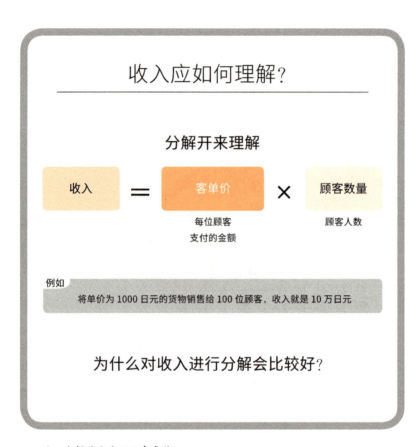

14　第 1 部分　个人如何为企业做贡献

为什么对收入进行分解比较好？

因为分解后能区分出收入变化的原因

如果要增加收入，只能通过下面两种途径来实现：
1. 提高客单价
2. 增加顾客数量

明白收入变化的原因有什么好处？

明白收入变化的原因有什么好处？

可以分别考虑对策

客单价	顾客数量
如何提高客单价？	如何增加顾客数量？
提高商品的售价	吸引更多顾客
增加顾客一次购买的数量	增加每位顾客的购买次数

也就是说，通过分解，企业可以明确该具体做些什么

收入是顾客支付金额的总和。

只有顾客购买企业提供的商品和服务，收入才能实现。

没有收入就意味着丢掉了工作

对企业来说,收入比什么都重要。没有收入的话,企业就无法生存。反过来说,企业如果不能提供价值,提高收入就更谈不上了。也就是说,收入提高也证明了企业可以提供价值。

没有收入的话,企业就无法生存。㊀企业没了,工作也就没有了。也就是说,收入是关系到所有人的重要东西。所以,每个人都有必要考虑"怎样才能提高收入"这个问题。

收入的分解意味着具体行动的明朗化

重要的是,收入一定要用分解的方式考虑。收入可以分解为"客单价"与"顾客数量"的乘积。比如说,100位顾客每人购买1000日元商品的话,收入当然就是10万日元。

为什么采用乘积的方式进行分解呢?因为这样可以区分清楚影响收入的因素。如果要增加收入,只有提高客单价和增加顾客数量两种办法。因为能明确影响收入的因素,所以也就可以分别考虑对策。

例如,为了提高客单价,可以考虑增加顾客一次购买的数量,也可以提高商品的售价。为了增加顾客的数量,有效的方法是提高顾客对商品的认知度,或者增加每位顾客的购买次数。

㊀ 严格来说,企业的存续不是由收入而是由现金流的有无(资金周转能否持续)来决定的,所以有些企业即使没有收入也能存续(例如创新药物的风险投资就处在没有收入的阶段,靠出资人的投资来维持)。

"一定要增加收入"是一个不明确的目标，如果采用分解原因的做法，那么越深入分解，就越能发现具体的行动办法。比如为了增加收入，首先考虑提高客单价，而要想提高客单价，可以考虑增加顾客一次购买的数量。通过分解影响因素，不明确的目标也能够转化成具体的行动。

不知道该做什么的时候，可以把"分解开来进行考虑"作为标语和口号。

关于"收入"的例子

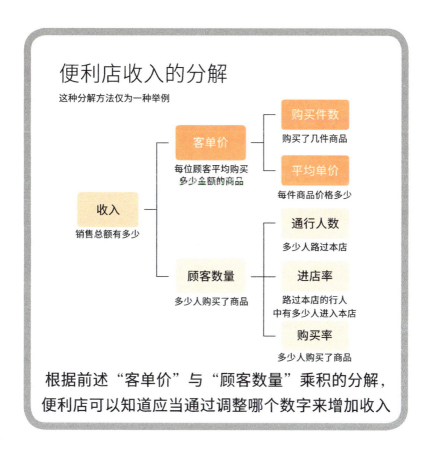

实际业务中,分解也不仅局限于"客单价 × 顾客数量"层次,还可以将影响因素进行更深层次的分解。下面就以便利店的收入为例进行介绍。

首先对顾客数量进行分解。对便利店来说，路过的行人如果不多的话，就不会有太多顾客。之所以如此，是因为便利店具有"随便逛逛"的特性，很难成为"特意要去的目的地"，很少有人会"去相隔很远的××街道的便利店"。也就是说，反映多少人路过本店的"通行人数"是影响收入的主要因素。

另外，因为不是所有路过的行人都进便利店，所以要乘以反映进入本店人数有多少的"进店率"。而且，入店的人也并不是都会购买商品，所以要再乘以反映购买人数有多少的"购买率"。

这样一来，顾客数量就可以通过"通行人数 × 进店率 × 购买率"计算得到。若想增加顾客数量，就有了"增加通行人数""提高进店率""提高购买率"3 种选择。

至此还只是算式而已，重要的是接下来要讲的内容。通行人数从商业角度来说就是"商圈"，所以便利店在通行人数多的地方选址是最重要的。选址没有选择余地的话，要增加通行人数是很难的，当然，通过引入快递业务"扩大商圈"的想法也不无道理。

进店率反映"行人是否会进入本店"，所以在店门口摆放招牌和POP（卖点广告），宣传应季商品和特定商品，目的都是提高进店率。

购买率反映"入店的人是否购买商品"，尽管有没有好商品最重要，但是"店里的布局是否合适""店里是否清洁"等可能也是主要的影响因素。

采用如上方法将顾客数量分解成 3 个主要影响因素，就可以更清楚地知道具体应做些什么。

虽然到目前为止都在谈"顾客数量"问题，但其分析方法同样也适用于"客单价"。比如将客单价分解为"平均单价"和"购买件数"。不断调整每种商品的价格，尽可能让顾客购买更多数量的商品，精心琢磨货架上商品的放置方法，在收银台旁边放置能引起顾客购买欲的商品，都是针对"客单价"而采取的对策。

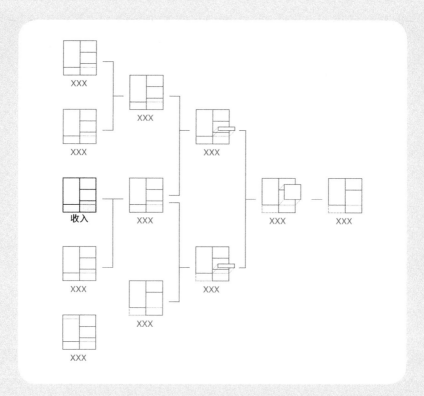

把"收入"填进地图。采用这种以整体地图为背景解释某个术语的做法，可以加深对该术语的理解。

对"收入"理解得如何？有些地方说得很细，有没有觉得不知所云？也许有人觉得"这些内容不说也明白"。

下面将话题转向"费用"，费用是和收入存在紧密联系的一个概念。

第 2 章

费 用

销售收入为 0 也会发生的支出

什么是费用？

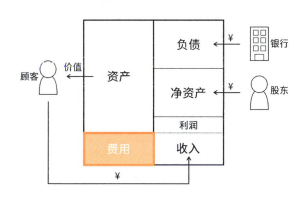

费用是指企业为销售商品或
提供劳务而支付的资金

费用应如何理解？

这一概念也分解开来理解

费用 = 变动费用 + 固定费用

变动费用：随收入变化而发生变动的费用
例如：为制造商品而花费的原材料费用

固定费用：不随收入变化而发生变动的费用
例如：租金、工资等数额固定的费用

为什么要分两种费用进行考虑？

为什么要分两种费用进行考虑?

这也是因为能区分出费用变化的原因

费用 ＝ 变动费用 ＋ 固定费用

如果要减少费用，只能通过下面两种途径来实现：
1. 减少变动费用
2. 减少固定费用

知道费用变化原因的话……

> ### 知道费用变化原因的话
>
> **可以分别考虑对策**
>
> | 变动费用 | 固定费用 |
> |---|---|
> | 降低随收入变化而发生变动的费用 | 降低不随收入变化而发生变动的费用 |
> | 降低原材料费用 | 降低人工费用 |
> | 降低采购费用 | 降低广告宣传费用 |
>
> **有些费用不能过度降低，
> 但如果是浪费，那么全部消除最好**

为增加销售收入，企业需要提供有价值的商品或劳务，该价值可以表示为顾客愿意支付的对价。创造这种价值的过程中必须花费的支出就是费用。通常情况下，降低费用是有利的，因为这会导致企业资金的流出。也就是说，基本的考虑思路是"收入越高越好，费用越低越好"。

不过，本来应该花的钱却硬要节省，就本末倒置了。为此，应当遵循"降低可以合理降低的费用"的原则。

应根据业务活动的特点选择降低费用的方法

与收入一样，要探究"采取何种行动方案才能降低费用"，最有效的方法就是"分解"。

费用大致可以分为变动费用和固定费用两类。听起来好像很难理解，我们也一度对此类会计术语比较怵头。但实际上并不难。变动费用是诸如制造商品所消耗原材料之类的"随收入变化而变动的费用"。固定费用是租金、工资等"不随收入变化而变动的费用"。也就是说，要想降低费用，可以选择降低变动费用和降低固定费用两种方法。

为什么要分为变动费用和固定费用呢？因为这样划分后，可以看出业务活动的特征。

例如，航空公司需要持有或租借飞机，汽车公司需要拥有大量厂房和设备等。维持这些设备等需要发生大量的固定费用，这是因为其符合"必须配备大型设备才能开展的业务，其固定费用较高"的特征。相反，不需要配备大型设备的业务，其固定费用往往较少，而变动费用往往较多。

把握了业务特征后，就可以根据其特征找到有效降低费用的方法。比如，大量的"人工费用"虽然属于固定费用，但是如果一年中工人的需要量波动很大，那么相比雇用正式员工，采用业务委托的方式将人工费用转化为变动费用，费用降低的可能性更大。

作为固定费用保留的，是体现企业独特性和优势所在的项目，要加以严格控制。例如，企业保留正式员工，将其人工费用作为固定费用，往往意味着对企业来说，这些正式员工就是企业竞争力的源泉。

如何划分变动费用和固定费用，如何能够有效地降低费用，费用必须开支的原因何在，这些都是企业经营应关注的大事。

关于"费用"的例子

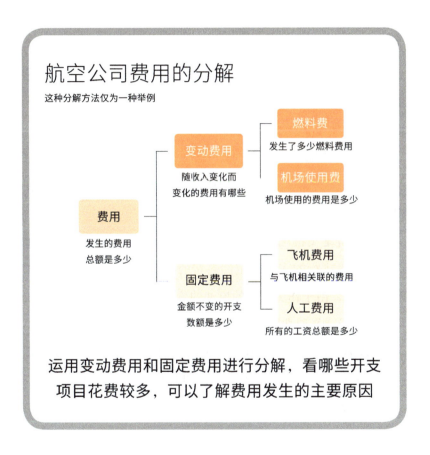

下面较为详细地分析一下航空公司的例子。

航空公司的费用中，将近一半的费用属于固定费用，一般认为固定费用的比重较高。也就是说，"与收入无关的费用非常多"。

为什么固定费用的比重如此之高呢？这是因为航空公司的业务中不可缺少的"飞机费用"和"人工费用"比重很大。

飞机非常昂贵，无论是公司自行购买还是向其他公司租借，都需要很多钱。另外，由于需要雇用乘务员、维修人员、地面工作人员等很多员工，有必要支付工资等人工费用。

另外，伴随收入变化而发生变动的费用包含哪些呢？对航空公司来说，代表性的变动费用有"燃料费"和"机场使用费"。

燃料费是飞机飞行所必需的，所以在变动费用中占有较大比重。飞机飞行的多少决定燃料费的高低（即与销售收入相关联）。同时，由于作为燃料的原油的价格处于变动之中，原油价格上涨会导致燃料费随之增加。

机场使用费是指作为使用机场的对价而支付给机场管理当局（比如日本航空局）的费用。机场使用费的具体内容包括飞机着陆发生的"着陆费"、飞机停留一定时间发生的"停机费"等。

如此看来，根据企业及其所从事业务的不同，费用的种类可能五花八门，要记住所有费用种类的"名目"既存在难度，同时也没有必要。

而只要能把握此项费用属于"随收入变化而发生变动的变动费用"还是"不随收入变化而发生变动的固定费用"就足够了。由于这是理解费用的比较普遍的方法,与企业及其所从事业务的类型关系不大,因此一定有助于梳理企业及其业务类型的特征。

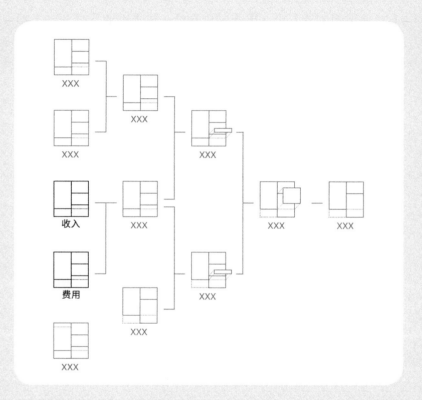

继收入之后,把"费用"又填入了地图。对会计初学者来说,费用可能存在比较难理解的地方。如果实在觉得"很难",就别去理它,因为到目前为止还用不着了解那么多。相比非得全部理解后才进入下一话题的做法,逐渐培养和强化"这点多少明白些"的感觉可能更为可取。下面来了解一下"利润"吧。

第 3 章

利 润

"收入"扣除"费用"后的差额

什么是利润？

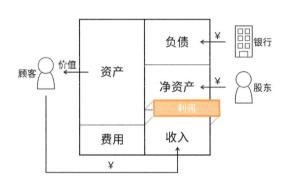

从收入中扣除费用后，
余下来的资金就是利润

利润也可以这样理解

简单的减法算式

利润 = 收入 − 费用

收入：从顾客那里收到的资金

费用：为增加收入而使用的资金

要想增加利润，只有增加收入和降低费用两种选择

更进一步探究一下利润

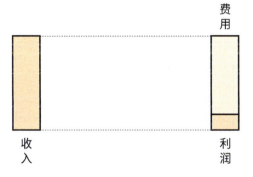

简单来说，收入扣除费用即利润，但如果细分的话，利润可以分为 5 种

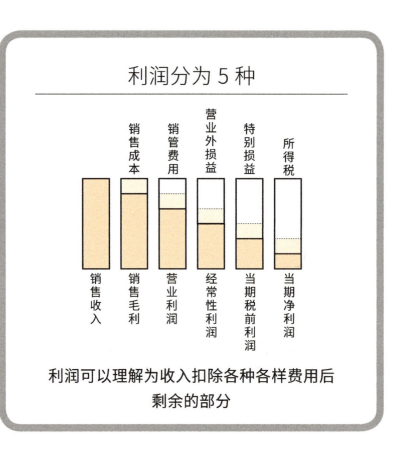

利润等于收入减去费用的差额。收入源于顾客的付款，属于流入企业的资金，而费用则是企业对外付出的资金。

分析收入与费用的差额，相当于分析"能存多少钱"。

"利润"的重要性压倒性地高于"收入"的理由

既然是企业，就必须获利。为了获利，有必要持续创造新的价值。由于所提供的价值包含超过费用支出的附加值，顾客会为其支付代价。也就是说，超出费用的收入才是利润。再进一步，只有产生了利润，才能为下一轮价值创造投入费用。

企业经营中，与收入相比，利润才是压倒性的重要。究其原因，即便能实现100亿日元的收入，如果费用高达120亿日元的话，利润也会变成-20亿日元的大赤字。如果费用高于收入的状态一直持续的话，总有一天资金会用尽，企业将无法存续下去。

也就是说，要想获利，"提高收入、同时降低费用"这两个方面都很有必要。之所以说利润比收入更重要，是因为利润包含"收入"和"费用"两个概念。

企业的所有活动最终都归结为"提高收入"或"降低费用"，或者两者兼而有之，都是为了利润。

"收入－费用"得到利润

再重复一遍，企业获利的途径只能是"提高收入"和"降低费用"两者之一。尽管跟"这个题必考"一样反复再三地强调,但出乎意料的是,没有被理解的情况并非少见,把收入与利润混为一谈的现象也时有发生。

如果能理解"利润=收入-费用"这一公式,就消除了混淆,向前迈进了一步。

关于"利润"的例子

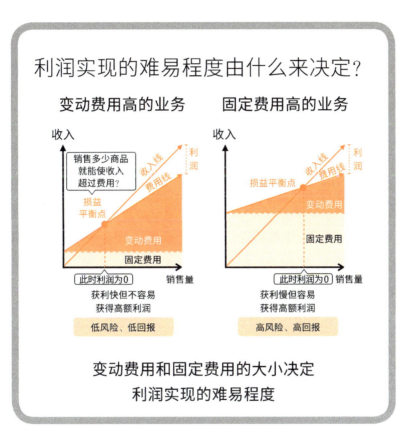

注：变动费用是指随收入变化而发生变动的费用，固定费用是指不随收入变化而发生变动的费用。

第 3 章 利润

从前面的分析中不难看出利润的重要性，那么如何获得利润呢？

如果明白损益平衡点的话，获利问题也就迎刃而解了。鉴于图比较复杂，理解起来可能感觉较难，但由于费用的种类决定利润实现的难易程度，下面将就此展开介绍。

损益平衡点是反映"销售多少商品就能使收入超过费用（=能够产生利润）"的一个指标，通过损益平衡点，可以看出"企业所从事业务容易获利还是难以获利"。

分析损益平衡点的要领，是要关注费用方面表现出来的"变动费用"和"固定费用"的大小。变动费用较高的业务获利快，但由于费用会伴随销售收入增加而增加，每次销售商品和提供劳务所得到的利润相应较少，因此，必须通过大量销售才能扩大利润。也就是说，对于变动费用较高的业务来说，尽管容易获利，但如果没有足够数额的销售收入的话，就谈不上高额利润，属于低风险、低回报型的业务。

而如果是固定费用较高的业务，由于需要花费一定时间才能获得补偿固定费用的销售收入，因此获利会相对较慢。不过，由于变动费用较少，每次销售商品和提供劳务都能得到较多的利润，因此只要达到了损益平衡点，利润就能快速增加。也就是说，固定费用较高的业务很难获利，但是销售收入一旦超过固定费用以后，利润就很高，属于高风险、高回报型的业务。

劳务派遣公司是经营变动费用型业务的典型企业，这类企业不需要投入厂房等大额固定费用，只要能够确保有人才可派遣，并能完成派遣工作，就可以实现销售收入，所以往往表现为费用随销售收入变化而变化，属于变动费用型业务。相反，解释费用概念时提到的航空公司是经营固定费用型业务的企业。

如同解释费用概念时所述，通过观察企业的固定费用和变动费用，可以把握企业经营的特征，进一步再考虑"所经营的业务容易获利还是难以获利"的话，不光加深了理解，而且也变得有趣起来。

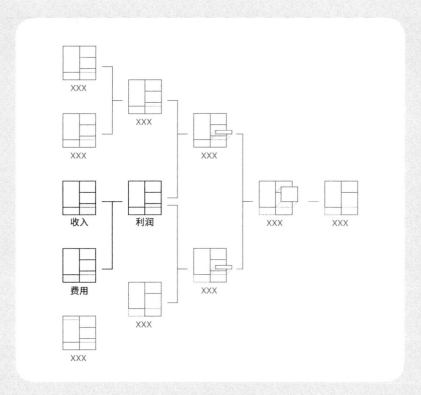

把"利润"填入地图。利润来自收入和费用,因此利润可以通过将收入与费用连线的方式进行理解。该地图的规则就在于将互有联系的两个概念定义成一个概念。

下面关于"利润表"的话题是要把到目前为止所介绍的"收入""费用"和"利润"全部放在一起进行介绍。

第 4 章

利 润 表

反映"向谁分配,剩余利润是多少"的报表

什么是利润表?

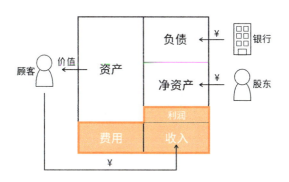

从收入中扣除费用后余下来的资金就是利润,以一年为期间计算利润而形成的书面文件即利润表

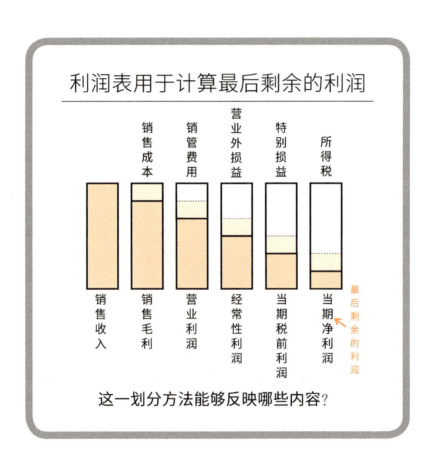

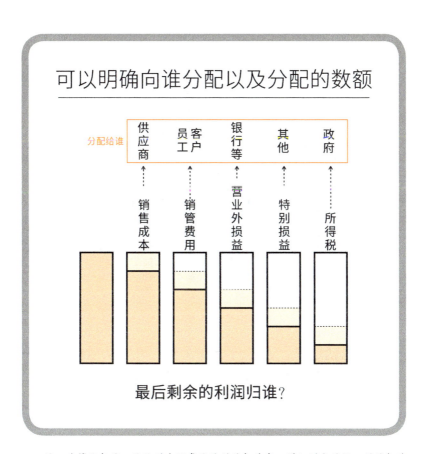

注：为简化起见，此处列出了常见的利益相关者，详细划分的话，利益相关者还有很多。

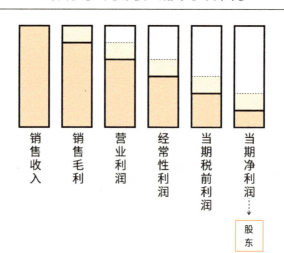

注：向股东的分配位列其他所有利益相关者之后，属于利润分配的最末环节，因而股东承担的风险也是最高的。

利润表是指能够反映前述收入、费用和利润三种概念的书面文件。日语中称为"利润表"，是收入扣除费用从而计算利润的报表。特别应指出的是，计算利润的过程中，详细地分析"向哪个利益相关者支付了多少费用"尤为重要。

利润表，也称 PL 表。PL 的全称为"profit and loss"。清晰地反映企业一定时期财务状况的书面文件称为"财务报表"，利润表是其中之一。顺便说一下，财务报表也被称为"决算书"，除了利润表外，还有另外两种常用的财务报表，这些报表后文都会涉及，此处只要掌握利润表就可以。

用于明确"费用用到哪里，金额有多少"的手段

所有企业基本上都以一年为单位开展运营。企业每年在计算好自身的收入、费用和利润后，以财务报表的形式向利益相关者报告。编制利润表的目的也包括纳税。

对经营者而言，理解财务报表的内容和结构就如同学习英语和中文一样重要，应当把财务报表理解为全世界所有企业使用的通用语言。

利润由收入减去费用计算而得，而费用可以分成销售成本、销管费用（销售费用和管理费用）、营业外损益、特别损益、所得税（企业所得税）5 个项目。这 5 个项目没必要一一背下来，理解"为什么费用要分不同项目"最为重要，因为"可以分别弄清费用用在什么地方、花了多少"。

在利润表中，最重要的是要将"当期净利润"视为扣除各种

费用后最终剩余的部分。当期净利润为股东所有，这里所说的股东是指"向公司出资、持有股份的人"，持有股份意味着根据股份持有比例享有该公司的经营权。

例如，当一个人设立公司，只有自己出资时，因为100%自己拥有股份，所以只能凭自己的判断来经营。但如果为了扩大公司，让很多人购买股份，形成多个股东共同持有公司的话，就有必要在听取股东意见的基础上从事经营。

股东是公司的所有者，作为反映公司活动结果的利润就应属于股东。利润表是从收入中减去各种费用，最后计算出留给股东的当期净利润的文件。

上述计算过程中，通过计算各种费用，可以明确"对谁、分配了多少"。

不断地采用减法进行计算而已

除了经营者或管理人员，以及参与新项目的人员外，其他人往往都不会直接去看利润表。但是，了解"将多少资金用在什么地方"，也是把握企业实际情况的一种方式。如果意识到"自己在为利润表中的哪个数字做贡献"的话，就能找到自己工作的意义。

下面稍微详细地介绍一下利润表中包含的具体项目。如果嫌烦的话，把嫌烦的内容全部忘掉也无妨。因为如果处于嫌烦的地步，说明现在的自己还没有必要知道这部分内容。相反，发现稍微在意的部分以及感兴趣的部分是很重要的。相较于记住细微的过程，有意识地把握概要更为重要。

首先是"成本"。成本是制造商品所投入的费用，支付对象多为供应商。然后是"销管费用"（销售费用和管理费用），即从事商品销售活动和企业整体管理活动所需的费用，包括工资、研究开发费、广告宣传费等各种各样的费用。从收入中减去成本，得到"销售毛利"，再从销售毛利中减去销管费用，得到"营业利润"。

接下来出现的"营业外损益"有点难以理解。难以理解的时候就采用分解的方法。"营业外"和"损益"分开来进行解释。"营业外"指的是正常营业范围以外，也可以理解为"非主营业务"。"损益"分为"损失"和"利得"，损失是负面的，利得是正面的。

"利息支出"可以作为营业外损益的具体例子。例如，利用银行借款从事经营活动时，每年都会持续产生利息支出。这类"不属于主营业务但会发生的支出"，就作为营业外损益，与主营业务的费用分开计算。将营业外损益从营业利润中扣除，就得到"经常性利润"。

剩下的还有"特别损益"和"所得税"。特别损益是指由于灾害等原因而发生的费用，属于特别事项发生时支付的资金（并不意味着每年都要支付，所以用"特别"来表示）。所得税主要是指"企业所得税"。

从经常性利润中减去特别损益，即为"当期税前利润"。再从中扣除所得税，最终得到"当期净利润"。

回到最初的说明，只要能理解"这么说来，利润表不就是从收入中扣除各种费用，最后计算出所剩利润的吗"，就可以继续读后面的内容了。

关于"利润表"的例子

为什么营业利润为负的情况下经常性利润竟然为正？

任天堂截至 2012 年 3 月的决算
（利润表）

销售收入　销售毛利　营业利润　经常性利润　当期净利润

任天堂截至 2013 年 3 月的决算
（利润表）

销售收入　销售毛利　营业利润　经常性利润　当期净利润

经常性利润为正

与 2012 年的决算相比，任天堂 2013 年的经常性利润之所以为正，并非因为主营业务的运作，而是因为日元贬值产生了高达 395 亿日元的"汇兑损益"　这样的事也会发生

此处的汇兑损益，是指由于货币兑换时比率（汇率）的变动而产生的利润

注：图中省略了当期税前利润。

第 4 章 利润表

下面介绍的任天堂 2013 年决算，是一个有趣的利润表案例。在这一年，任天堂发生了一些有点不可思议的事。

首先，2012 年的"营业利润"为 -373 亿日元，2013 年为 -364 亿日元，数字差不多。

但是，"经常性利润"则大不相同，与 2012 年的 -608 亿日元相比，2013 年变为 +104 亿日元。这到底是什么原因所致的呢？

经常性利润是从营业利润中减去"营业外损益"而得出的，所以关键在于营业外损益。营业外损益是指由于主营业务以外的活动而产生的损益，既可能是损（负利润），也可能是益（正利润）。2013 年，任天堂由于某个主要因素而使利润变正，产生了近 400 亿日元的资金。

这个主要因素是"汇兑"。汇兑的意思是"不直接使用现金支付"，它起源于票据交易等。国内的交易称为"国内汇兑"，与外国的交易称为"国外汇兑"。使任天堂 2013 年经常性利润变为正值的是"国外汇兑"。

进行海外交易时，因为交易双方所属国家使用的货币不同，所以有必要决定用哪种货币进行交易。比如，日本和美国的企业进行交易时，如果"用美元交易"，日本企业就需要用日元购买美元。

用日元购买美元的时候，规定了类似于"1 美元 =100 日元"的相互交换货币时的基准。这个基准被称为"汇率"，会经常发生变动。

汇率变动使当时的任天堂增加了高达 400 亿日元的利润，该数额超过了营业利润的亏损数，使经常性利润变成了正数。

营业利润为负，却在计算经常性利润时发生大逆转的情况，虽然并不经常发生，但是作为一个例子介绍以后，不禁使人感叹"也有这样的事啊"。

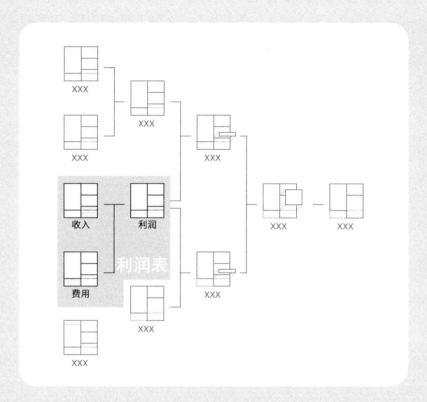

把"利润表"填入地图。利润表中包含收入、费用以及利润三个概念,它把这三个概念打包在一起体现。好了,至此为止的话题都围绕"一年中获利多少"的计算而展开,提供以一年作为期间的"流量"信息。接下来进入有关"利润存放在哪里""企业拥有哪些资产"等"存量"方面的话题。

第 5 章
资 产

回答"利用什么创造价值"的问题

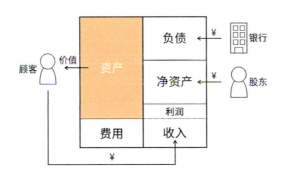

什么是资产？

企业筹集的资金是如何使用的？
资产反映资金用途

资产包含的项目举例

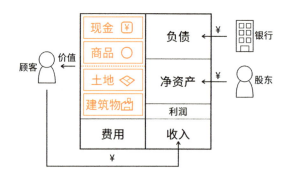

资产包含的项目很多,有现金、商品、土地、建筑物等

可以分为流动资产和固定资产

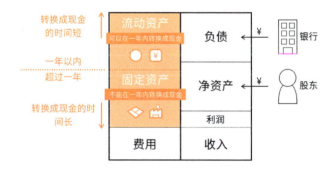

转换为现金的时间长短比较重要，
以一年为基准，可以分为流动资产和固定资产

这些都可以列为资产

动物园的动物、航空公司的飞机，
有望给企业业务带来经济价值的东西就是资产

资产能够反映"企业筹集的资金如何使用"。换句话讲，资产反映资金的用途。也有人认为资产是"企业拥有的财产"。

企业利用资金制造商品、购置店铺、建造厂房等，这些都可称为资产。

资产的范围如此之广

企业从事的活动包括生产某种有价值的商品，将其销售给顾客，然后作为对价收到资金。企业活动始于使用现金获得某种资产。

就拿购买原材料并将原材料加工成商品来说，无论是原材料还是商品，都属于资产。大量生产商品时，机械设备必不可少，所以还得购置生产设备，设备也属于资产。为了将商品销售出去，得有店铺，如果店铺不采用租借，而采用自行购置方式的话，那么也属于资产。

这样一来，企业从事与"为顾客提供价值，其对价构成销售收入"相关联的业务活动，就会利用各种各样的资产。

根据"转换为现金的难易程度"将资产分为两种类型

讲到这里，会使人产生一种困惑，面临两种对抗性选择，即一方面觉得"必须拥有一定数额的现金，否则无法应对紧急情况或不可预见的情况"，而另一方面也意识到"只持有现金的话，无法提供任何价值。如果转换成其他资产，就能通过增加收入而产生附加价值"。

为此，根据"某项资产转换为现金的难易程度"，可以将资产分为"流动资产"和"固定资产"两类。

流动资产是"一年内可以转换成现金的资产",包括原材料、商品和应收账款等。固定资产是"需要一年以上才能转换成现金的资产",包括店铺和厂房等。

将资产分为以上两类后,就可以理解企业陷入危机状态时,"现金和快速转换为现金的资产分别应持有多少"把握得是否得当,直接关系到企业能否避免出现破产危机。

可见,"时间"与对资产概念的理解有关。

理解资产概念时要树立"时间差"观念

此外还有"应收账款"。作为一种流动资产,应收账款是指因赊销商品而产生的收款的权利。所谓赊销,也有人解释为"信用交易"或"赊账"。如果不树立"时间差"观念的话,很难理解应收账款也可作为流动资产。

例如,向客户销售商品后,企业获得了收入,同时会要求客户支付货款。一般情况下,发出付款请求通知单后,款项会在预先设定的日期(如1个月后或者3个月后)之前收到。只要不是直接交付现金的交易,交货到收款之间就会存在时间差。也就是说,应收账款是由于这个时间差而产生的临时资产。

企鹅也可能成为固定资产

在不落入破产境地的前提下,企业使用现金获得适当的资产，向顾客提供价值从而实现销售收入，这是企业运营的大概流程。将这一连串的流程印在脑海里，是胜任工作的重要因素。

关于资产，存在着一个有趣的现象，即"企业的业务不同，持有的资产项目也不同"。动物园里的狮子是固定资产，水族馆里的企鹅是固定资产，航空公司的飞机是固定资产。"没有这些资产，业务就无法开展，企业就无法向顾客传递价值。"

另外，同一企业持有的资产会多种多样，例如，动物园和水族馆的"设施"本身属于固定资产，而其出口附近的"特产店里的商品"则属于流动资产。

更看重"平衡"而不是"多"

人们往往倾向于认为资产越多越好，但并不一定增加得越多就越好。

比如，商品制造得太多，库存增加，会导致商品滞销。与其如此，不如制造和销售适当数量的商品，不断调整库存数量以免出现过多积压。

本企业现在有多少资产，哪些资产的比重较高？意识到这种平衡意味着向纵览企业业务活动迈进了一步。

关于"资产"的例子

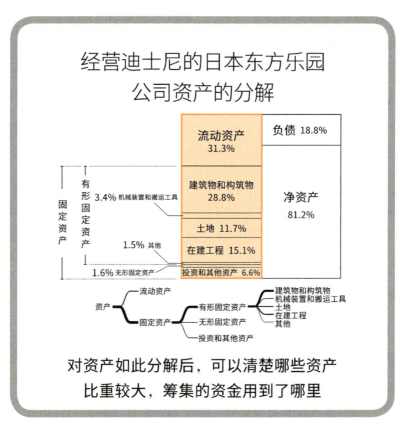

注：来自2020年3月决算数据。

日本东方乐园公司经营东京迪士尼乐园和迪士尼海洋乐园，尽管喜欢它的人很多，但是仔细研究过它的资产的人大概不多。把资产进行分解后，就可以大致掌握"日本东方乐园公司的资金投向了哪些项目，投资数额是多少"。

首先，如前所述，资产可以分解成"流动资产"和"固定资产"两种。观察流动资产和固定资产的比重，可以发现日本东方乐园公司固定资产的比重更大。

其次，可以将其固定资产分为"有形固定资产""无形固定资产""投资和其他资产"三种。不难看出，其中有形固定资产的比例较大。

进一步分解有形固定资产的内容，就会出现五个项目，即"建筑物和构筑物""机械装置和搬运工具""土地""在建工程""其他"。如此分解的话，就能看到资金具体投到了哪些资产项目上。

例如，"建筑物和构筑物"包括在迪士尼乐园酒店和主题公园内建造的不动产，"机械装置和搬运工具"中包含了云霄飞车等娱乐设施及巴士，"在建工程"中包括正在建设中的游乐设施等，建成后就会转为其他项目。

如此具体分解的话，就可将作为消费者接触到的业务内容与会计上的数字连在一起。其他企业也是如此，将感兴趣的具体业务内容与资产项目结合起来，也许会很有意思。

补充资料 折旧

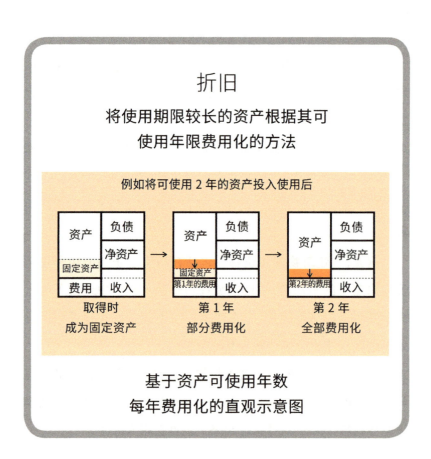

对会计初学者来说，折旧往往是个难点。术语的使用和概念的表述方面都存在难度，所以讨厌这一概念的人非常多。尽

管如此，考虑到其重要性，还是要作为补充资料略做介绍。请放心，对于读过本书前面各章的人来说，这并不是什么难事。

折旧是"资产"和"费用"的组合。折旧是将使用期限较长的资产按照其使用年限进行费用化的方法。……虽然这么说可能意思不够明确，但是借助图的话，其含义就慢慢变清晰了。

例如，如果取得可使用 2 年的资产，那么最开始它作为固定资产。使用 1 年后一部分成为费用，同时资产减少。第 2 年以后，资产就没有了，而只追加了与第 1 年相同的费用。也就是说，从资产开始，每年逐步变成了费用。

接下来再介绍一下反映"资产能使用几年"的"耐用年数"。该指标在税法上有明确规定，比如，电脑为 4～5 年，金属制桌子为 15 年，木制或者其他材料的桌子为 8 年，资产每年都根据其耐用年数进行费用化。

为什么需要采用这么复杂的处理办法呢？如果在购买长期使用的资产时，将其全部作为当年的费用，那么这一年的利润就会是巨额的亏损，而以后各年的利润则为正值。这样的话，就不知道"实现销售收入本来要花多少费用"了。

因此，要求每年将使用的部分通过折旧的方式计入当期费用。

术语本身有点像拳法中某种技艺的命名一样难，很容易让人觉得不好理解，但实际上只是资产一点点变成费用而已。希望这样能加深一点你对它们的理解。

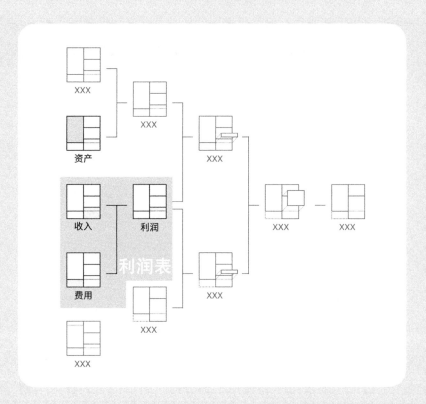

把"资产"填入地图。通过分析资产,能够知道"企业如何使用资金"。至此为止的话题围绕"使用资金"而展开,接下来不由让人产生"企业资金从哪里来"的疑问。下面将进入企业资金来源之一的"负债"的话题。

第 6 章

负 债

利用得当的话能够使企业获得成长的资金

什么是负债？

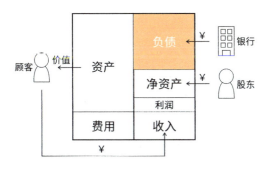

负债包括企业从银行筹集的资金以及未支付资金等存在偿还义务的资金

有负债不是好事吗？

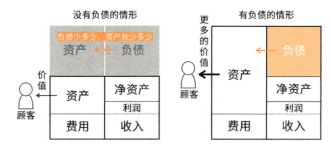

负债利用得当的话可以提高经营效率

有负债的话，可以获得相对较多的资产（商品等）
↓
可以向顾客提供更多的价值，从而增加收入和利润
↓
利润提高使净资产增加，可以在偿还负债和获得资产（投资）之间进行选择

无法偿还负债的后果如何？

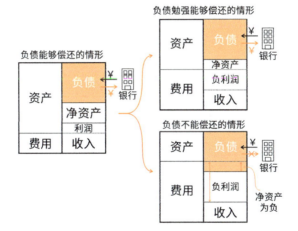

负债一旦超过资产，意味着全部资产都销售出去，仍然不能偿还全部负债，企业很快就会失去持续经营的能力

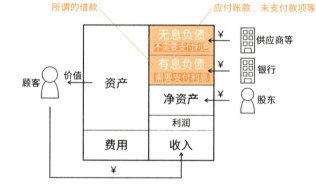

注：在进行项目罗列时，与资产一样，负债也以一年为基准，分成流动负债和非流动负债。

与资产相反，负债属于负财产，是指"有偿还义务的项目"。负债大致分为有息负债和无息负债两类。有息负债是指偿还时必须附加利息的负债，即借款。

谈到"借款"，也许有人会产生不太好的印象。但事实上，如果能做到借得适当，还得合理的话，企业负债绝对不是坏事。

与有息负债不同，无息负债是指不需要负担利息的负债。比如，推迟支付制造某种商品的代加工费而产生的"应付账款"等，就属于无息负债。

负债的"风险"与"报酬"并存

企业为什么有必要负债呢？为什么要向银行借钱呢？究其目的，在于将筹集的资金汇总到一起进行投资，从而使企业得到发展。

以制造业为例，通过兴建工厂和添加新设备，可以为进一步提高销售收入创造条件。在需要大额投资的情况下，仅凭手头的资金往往不够。为了弥补这种不足，企业就会借助银行借款来谋求业务发展，取得以单凭自有资金无法实现的速度发展企业的效果。

从银行贷款虽然存在负担利息和履行还款义务的一定风险，但同时也有通过承担风险实现业务成长，从而尽早获利的可能性。正因为如此，才强调不能片面认为"借款不是好事"，而要从风险和报酬两方面来考虑负债的重要性。

有息负债越多，因利息而增加的负担就越大。如果企业的有息负债过多，业务持续的难度就会加大，企业的存续本身就有陷入危机的可能性。但同时，负债也是业务健康发展所需要的资金。

当然，有些经营者通过利用负债成功地实现了业务成长，有些经营者则未必成功。通过了解自己所在的企业有多少负债，以及负债包括哪些具体项目，也许能明白经营管理层的立场。

关于"负债"的例子

依据 2020 年 3 月的决算

三大移动通信企业的比较

日本电报电话公司（NTT DoCoMo）
- 资产 100%
- 无息负债 29.4%
- 有息负债 0.6%
- 净资产 70.0%

日本 KDDI 电信公司
- 资产 100%
- 无息负债 31.7%
- 有息负债 17.5%
- 净资产 50.8%

软银
- 资产 100%
- 无息负债 30.7%
- 有息负债 51.9%
- 净资产 17.4%

同一行业三家企业负债比率的差异如此之大

注：由于是移动通信企业的比较，所以其中的软银仅限于软银自身，而不是软银集团。

即使处在同一行业，在如何有效利用负债的立场方面，不

第 6 章 负债

同企业也会做出完全不同的选择。观察三大移动通信企业的负债情况，就可以明白这一点。以 2020 年 3 月的决算为基础进行比较，就会发现日本电报电话公司（NTT DoCoMo）、日本 KDDI 电信公司和软银的负债所占的比例完全不同。

进一步分析负债包括的内容，可以看出有息负债的区别很大。NTT DoCoMo 公司的有息负债非常少，KDDI 电信公司的有息负债在三家企业中处于中等水平，而软银则是压倒性的最多。可以认为软银单从金融机构那里获得的贷款就很多。下面来比较一下软银与 NTT DoCoMo 公司有息负债比例的极端悬殊情况。

软银采用的是积极借款投资资产、发展业务的形式。软银有着主要通过企业收购积极地实现多元化经营的成长历史。雅虎株式会社和日本聊天应用 LINE 株式会社等都是软银最终收购的企业。

虽然软银现在被称为三大运营商之一，但作为通信运营商，其存在感变强的契机得益于从英国沃达丰集团收购了沃达丰股份有限公司。显然，这样的企业收购需要大量资金，所以有息负债所占的比例很容易变大。

相比之下，NTT DoCoMo 公司的经营风格是追求安全性而不选择借钱。NTT DoCoMo 公司原本是从被称为"日本电信电话公社"（电电公社）的国营特殊法人起步的，公司分离移动通信事业成立了 NTT DoCoMo 公司。这一背景决定了与纯民营企业相比,公司有着追求稳定的经营文化,负债很少可以看成不冒风险而安全地开展业务运营的外在表现。另外,固定电话签约数在三大运营商中居于首位也是推动该公司选择较少有息负债的一个主要原因。

这么说来,通过观察负债的内容,也可以看出"企业的性格"。

补充资料 营运资金

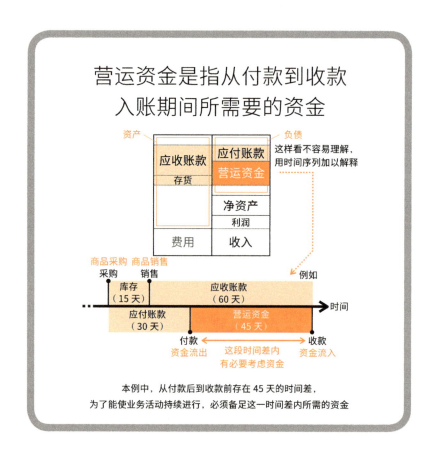

介绍一下"营运资金"这个术语。这也是一个很难的概念,所以人们大都对其敬而远之。而实际上从事业务经营的

话，营运资金很重要，所以特意以补充资料的方式加以介绍。营运资金可以用"应收账款 + 存货 – 应付账款"来计算。[一]初次看到这个式子时，可能谁都不解其意。

最初我们也是一头雾水，对一会儿加上、一会儿又要减去的原因全然不知。为了理解营运资金，有必要引入"时间轴"的概念。

如前图所示，"应收账款"和"存货"是资产的一部分。应收账款是指将来有权利获得的资金。存货是指因没有卖出去而处于库存状态的商品。经过一段时间，存货销售出去并发出收款通知单的话，就变成应收账款了。也就是说，应收账款和存货虽然名称不同，但是存货卖出去之后就变成了应收账款，从这个意义上来说，两者属于同一个流程。

再稍微具体地用数字解释一下。假定从制造商品开始，制造完工入库，到销售出去（转为应收账款）为止的期间为 15 天，产生应收账款与实际收款的间隔为 60 天。这意味着，从制造商品开始的 75 天内，企业不会产生资金流入。

与应收账款相反，应付账款是将来必须支付的资金。比如收到供应商的付款通知单，并约定在下月月底之前付款。如果按 30 天计算，那么意味着 30 天之内不用付款。也就是说，

[一] 多数情况下，应收账款和应付账款本来应该用包括票据在内的"销售债权""采购债务"来计算，此处为便于理解概念而进行了简化。再有，营运资金也可以采用"流动资产 – 除有息负债以外的流动负债"的计算方法。可以根据不同目的区分使用，这里不再展开介绍。

30 天后付款，而 75 天后收款，会产生 45 天的时间差，弥补这个时间差所需的资金即营运资金。

之所以对营运资金进行如上介绍，是因为企业往往会通过向银行借款来满足持续经营所需的营运资金。可以说企业的短期借款基本上就是为了营运资金而借入。能够理解营运资金，也就找到了"为什么需要负债"的答案。

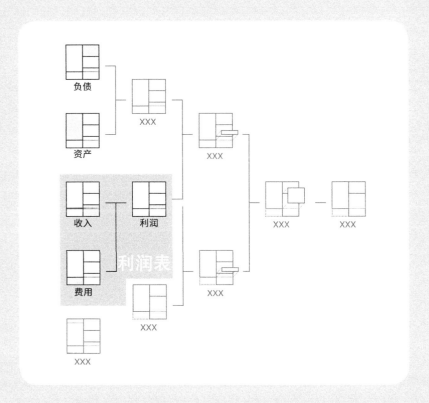

把"负债"填入地图。负债不仅因笔画多而难写,而且其含义也不容易理解。对"为什么不能单纯地将负债理解为借款"这个问题应该可以作答了。是因为"借款特指有息负债,而负债不仅包括有息负债,也包括无息负债"。下面将进入"净资产"的话题。

第 7 章

净 资 产

关于"累积利润如何使用"的归属于股东的资金

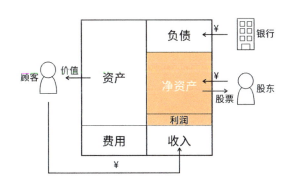

什么是净资产？

净资产是纯属于企业的资产，
每年获利后，净资产就会增加

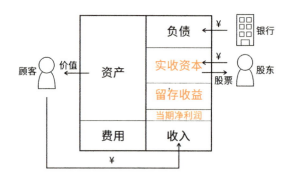

净资产分为实收资本、留存收益、当期净利润等。
什么是实收资本？

注：净资产也包含资本公积、其他综合收益、新股购买权、无表决权股份等其他项目，为简化起见，此处均不再展开介绍。

什么是实收资本？

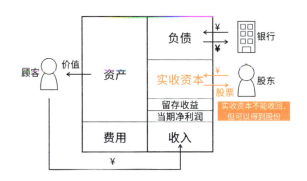

实收资本代表股东的出资，企业无须向股东返本，负债与资本的不同点就在于负债需要偿还。
那什么是留存收益？

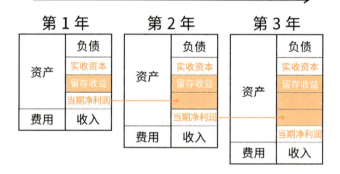

净资产是完全属于企业的资金总额，企业资金来源分为从他人那里获得和企业自身积累两种途径，而依靠后一种方法形

成的资金积累就是净资产。像负债那样的从他人那里获得的资金是需要偿还的，但企业对净资产没有偿还的义务。

净资产可以分为两部分，一部分是"每年累计的利润"，另一部分是股东投入的"实收资本"。实收资本是企业成立之初股东的出资，之后也可以追加投资。

应将"净资产"解释为股东期待的东西

增加净资产是为了满足股东的期待。企业最初是利用股东投入的资金开始经营的。这笔资金成为企业开展业务活动和积累利润的本钱，积累的利润被称为"留存收益"。通过增加留存收益从而增加净资产，来满足股东的期待。

本质上讲，净资产归属于作为企业所有者的股东。因此，也许有人会认为不应作为留存收益来积累，而应全部作为红利分配给股东。但是，企业选择不分红而将利润进行留存，恰恰是期望将一部分净资产投资到事业发展后，报酬会增加。

也就是说，净资产是可能被股东认为"如果不能达到期望报酬水平，就全部作为红利进行分配"的资金。企业只有确认能够产生超出股东出资所期待的回报后，才能选择积累留存收益。

可以看出企业的"安全性"和"获利能力"

通过分析净资产，可以了解企业的安全性，即"破产的可能性有多大"。因为资产总额中净资产的比例，反映了企业不依靠负债来筹措资金的能力。这个比例叫作"自有资金比例"（在本书中，可以认为自有资金和净资产是一样的）。这个比例越高，对负债的依赖性就越低，企业破产的可能性就越小。

另外，由于留存收益反映企业从成立到现在为止，扣除税金和红利后的利润积累，所以也可以看出企业的长期获利能力。

如此看来，从净资产中可以看出企业自身的安全性、获利能力，以及与其他竞争企业相比本企业的财务特征。

关于"净资产"的例子

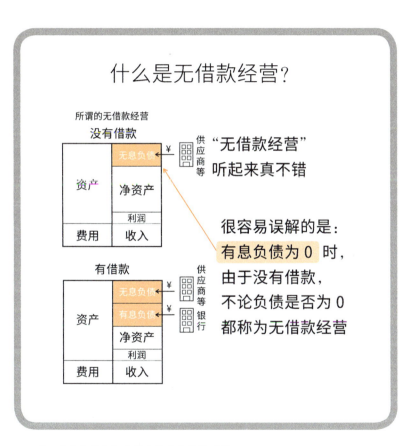

注：无息负债包括应付账款和未付款项等。

第 7 章 净资产

"无借款经营"的说法可能你都没听说过吧。单提"借款"一词的话，容易让人产生不好的印象。你可能会觉得"无借款＝没有负债"，这是一家经营稳定的好企业，但其实也不一定，无借款经营容易被误解。

误解大致有两种，一种是"无借款＝没有负债"。如前所述，负债有无息负债和有息负债两种，其中，所说的"无借款经营"是指不存在有息负债的状态。

有息负债是从银行借来的资金，需要支付利息。而无息负债没有支付利息的义务。像应付账款那样后付货款的交易，就属于无息负债的例子。从银行等机构获得的借款与业务活动中产生的无息负债是根本不同的。

也就是说，无借款是有息负债为0的状态。无息负债是企业普通业务经营过程中产生的，跟借款无关。

另一种误解是"无借款经营＝好企业"，其实并不一定。的确，如果有息负债较少，持续支付利息或被债务偿还追迫的情况较少，手头资金短缺（≈倒闭）的风险就较低，所以可以评价为"安全性高"。

但是也有人认为，如果一味追求稳定经营状态的话，那么也就失去了冒险借款进行投资以便提高回报的机会。

如前所述，股东为了增加自己的利润而进行投资。于是无借款经营可以看成与增加股东回报而承担风险格格不入的做法。

当然，即便如此，也不能认为"借款越多越好"。应当多问问是否权衡过风险与报酬，是否太过拘泥于安全经营而错过了成长的机会。

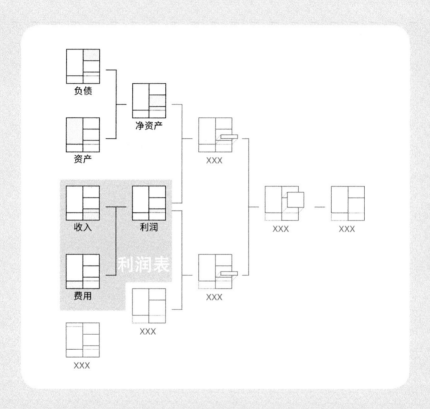

这样就把"净资产"填入了地图。读得有些累了吧？尽管一口气读来很兴奋，但还是稍事休息为好。

深入分析了资产、负债以及净资产后，下面要把这三个概念放在一起，进入"资产负债表"的话题。

第 8 章

资产负债表

凝聚企业历史,能够反映"企业性格"的书面文件

什么是资产负债表?

资产负债表是了解企业资产、负债和净资产整体情况以及资金运营方式的书面文件

从两个侧面衡量企业活动

资金的用途
如何使用资金？

资金的来源
怎样筹集资金？

资产负债表的编制分为左右两个部分，分别反映资金如何筹集，筹集的资金如何使用

例如借入资金后会怎样？

资产	负债
	300 万日元
700 万日元	净资产
	400 万日元

从银行借款 300 万日元，自己出资 400 万日元，因此合计有 700 万日元的现金

→

现金 ← 从银行获得的借款

资产	负债
	400 万日元
800 万日元	净资产
	400 万日元

再从银行借入 100 万日元，资产中增加 100 万日元现金，因此现在的现金合计金额为 800 万日元

从银行借入的资金增加负债，
资产中也增加相等数额的现金，
这样发生的交易事项就在左右两边进行了记录

第 8 章　资产负债表

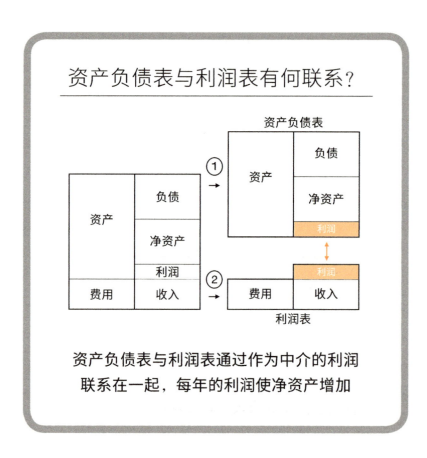

资产负债表是反映资产、负债、净资产整体情况的书面文件。日语将其称为"借贷对照表",左边反映资金的用途,右

边反映资金的来源。也就是说，将企业的活动分解为"如何筹集资金"（原因）和"如何使用资金"（结果）两个方面，可以采用对照的方式进行分析。

由于表左右数字的金额一定相同，可以对照着看，因此日语中称为借贷对照表。英语为 balance sheet，简称 BS。资产负债表跟利润表一样，属于财务报表的一种。

资产负债表对经营判断有什么用

通过分析资产负债表，经营者可以根据数字来进行决策。对于经营者来说，最关心的事情之一是"企业是否会倒闭"。即使利润表显示盈利，如果有大额款项需要支付的话，企业也可能会倒闭。

例如，负债中有一个称为"流动负债"的类别，这是指一年内必须偿还的负债。如果流动负债超过了一年内可转换为现金的"流动资产"，拖欠支付的可能性就很大。因此，通过观察流动负债与流动资产的比率，可以判断拖欠偿还的风险，该比率称为"流动比率"。

另外，将利润和资产进行比较，可以分析"本企业的资产能带来多少利润"，该比率称为"资产收益率"（ROA）。这样，可以借助资产负债表计算既考虑企业利润又考虑企业持续性的重要指标。

第 8 章 资产负债表　95

"比较"使分析变得很有趣

看一下自己所在企业的资产负债表吧。调查是否存在行业特有的比率,来加深对业界的理解。将本企业的一般比率与行业水平进行比较,可以知道企业自身的特征。这样一来,既可以透过数字解读企业针对安全性和效率性的策略,也可以在自己遇到决策困惑时找到指引。

另外,通过与其他企业相比较,可以分析本企业是利用负债进行风险经营,还是安全地运用资产等,也可以知道"本企业与其他企业存在哪些不同""其他企业有什么样的特征"。

关于"资产负债表"的例子

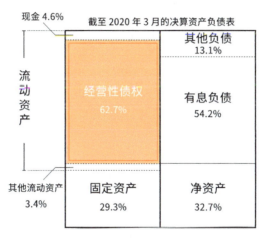

以从事零售业而知名的丸井集团有较多经营性债权，这实际上是因为经营大量的金融类业务（如资金兑付、分期定额支付等）所致

从资产负债表的分析中可以把握企业的业务特征。以丸井集团为例，人们可能对其零售业务印象较深，但实际上除零售

业务以外，丸井集团还从事金融业务，那么如何从资产负债表中体现这一特征呢？

例如，流动资产中包含了"经营性债权"项目，其比例很大。经营性债权一般是指尚未从客户处回收的债权（可以要求的权利），包含应收账款和应收票据，而这里的经营性债权指的是"分期付款应收账款"和"应收贷出资金"。

通常，经营性债权是未回收的资金，该项目金额太大的话，意味着存在问题。必须尽量从客户那里回收，降低经营性债权的数额。但是，丸井集团选择了独特的商业模式，将经营性债权作为了利润源。

之所以这么说，是因为丸井集团的经营性债权会产生利息。分期付款应收账款是由分期定额付款、分期付款等产生的应收账款，应收贷出资金是通过现金贷款产生的应收款。因为可以从这些项目中获得很多利息，所以丸井商业模式独有的特征是大量经营性债权反而成为其产生利润的源泉。

另外，从负债来看，有息负债占比很大。有息负债之所以占比很大，是因为经营性债权无法马上获得现金。一旦需要支付，会发生手头没有现金的情况，所以有必要借款。同时，丸井集团将有息负债的金额控制在经营性债权90%的水平上。因为如果再多借，经营性债权不能收回的话，破产的风险就会增加。

话说回来，丸井集团为什么会采用这种零售和金融相结合的商业模式呢？丸井集团最初是靠销售家具的业务起家的。由于家具的价格高昂，顾客购买时若要一次性付全款比较困难，贷款购买的情况较多，因此丸井集团从那时起就偏重"零售和金融"相结合。

利用商业设施"OIOI"聚集客人，促使EPOS卡会员不断增加，借助这种EPOS卡，丸井集团在获得稳定收益的同时，又不断开设更有魅力的新店铺来吸引更多新会员加入，产生协同效应。

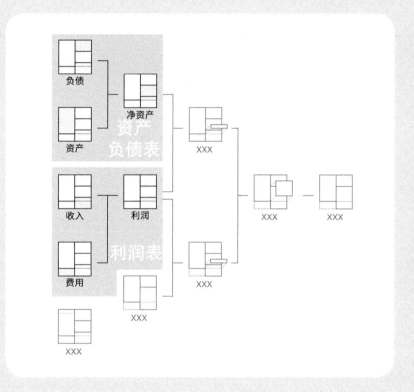

把"资产负债表"填入地图后,就完成了对利润表和资产负债表的介绍,包括收入、费用和利润,资产、负债和净资产。不仅可以分别理解这些项目,而且也可以将其联系起来,梳理出一个整体的框架。至此为止,本书开头提到的对"企业资金的各种流转"之间如何紧密联系的介绍基本上就结束了,不过关于"现金"的话题还需要重点关注一下。

第 9 章

现 金

可以变身一切的最强资产

什么是现金?

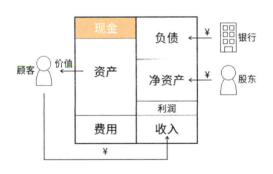

现金是最强的资产,
为什么这么说呢?

现金是可以变身一切的万能资产

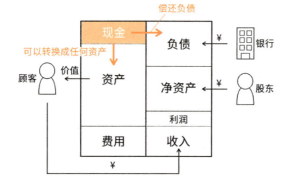

现金可以转换成任何资产，
还可以偿还负债，是万能资产

↓

那么是不是持有现金越多的企业就越优秀呢？

持有现金越多的企业越优秀吗？

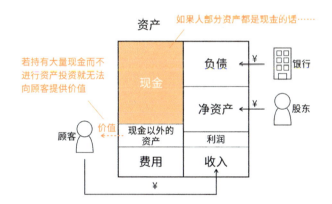

大量持有现金时，企业安全性较高，但投资会相应减少，向顾客提供的价值就会变少

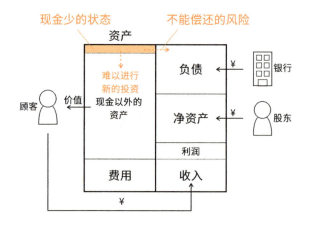

注：在现金不足以偿还负债的情况下，不仅要关注现金，而且还要考虑流动资产的现金化，此处只关注现金。

现金是最强的资产，可以用于制造商品，可以投资用于制造商品的设备等，也可以转换成其他资产，还可以偿还债务。现金的特点是可以转换成各种形式的资产。

"拥有很多现金"未必是好事

不少人往往认为"持有越多现金就越好"。当然，有很多现金是好事。现金越多，越有能力偿还必须偿还的款项，所以企业安全性越高（≈破产的风险越低）。但是，也不是说现金应该越多越好。

因为如此会被认为"现金是有了，但投资就错过了"。富余的现金有多少，就说明错过的投资有多大。这里的投资是指把现金转换成其他资产。

也就是说，如果只是持有现金的话，说明"正在损失投资机会"。如果能把现金投资转换成其他资产，就可以有获得投资回报的可能性。

持有现金蕴藏着"风险"

关于富余现金的用途，比如可以考虑通过增加新设备来完善商品的制造体系，或者通过研发投入，开发出优于其他企业的商品。

现金增加以后，可选择的经营方案会随之增加。但是，如果只是增加选项而不采取行动的话，那么将无法提供任何价值。倘若在此期间，出现了其他企业致力于商品开发，向市场投放了畅销商品之类的情况，甚至存在顾客选择离开的可能性。

另外，如前所述，作为企业所有者的股东，也正是觉得企业会带来现金的增值，才愿意冒险向企业进行投资。什么都不做、单纯存放现金的话，与股东的期待也许是相违背的。

如何知道"应该持有多少现金"

那么，究竟应该持有多少现金呢？

考虑该问题的方法之一是分析"企业业务所处行业的不确定性有多大"。也就是说，"企业需要在多大程度上防备不测"。只有在不测发生的情况下才需要现金。

相比其他行业，不少人认为游戏行业持有现金的比例较高。

例如，任天堂作为游戏行业的代表性企业，就以现金非常多而出名，一般都拥有数千亿日元的现金。这是因为，在"满以为可以销售出去的游戏机却卖不动"的时候，业绩会显著恶化。由于业绩变动的风险非常高，因此如果没有很多现金的话，业绩恶化的时候就无法应对了。

业绩被行业景气趋势所左右的企业，为应对万一商品没被顾客选中时的风险，倾向于持有大量现金。

对于持有多少现金为宜这一问题，不存在唯一的答案。但是，业绩变动风险越高的行业和业务类型，越比较多地持有现金的话，不仅安全，而且在变动风险较小的情况下，还可以转守为攻，将现金转为投资或用于还款。

这种情况下，平衡感也非常重要。

关于"现金"的例子

高现金比例的任天堂

任天堂截至 2020 年 3 月的决算

流动资产	现金 46.0%	负债 20.3%
	其他流动资产 31.6%	净资产 79.7%
	固定资产 22.4%	

游戏行业的现金持有率很高,任天堂作为其中的企业之一,持有的现金高达数千亿日元。这是因为,在"满以为可以销售出去的游戏机却卖不动"的时候,业绩会显著恶化

注:由于多数情况下既包括现金,也包括银行存款,所以大多将现金和存款合起来,表述为"现金和存款"。

企业应该持有多少现金,取决于其所处行业的特征。比如

任天堂，资产中流动资产的比例占了近 8 成，其中现金的比例非常大。资产中约 46% 是现金。

截至 2020 年 3 月的决算显示，任天堂持有的现金为 8904 亿日元。拥有很多现金的现象并不只出现在这个年度，任天堂一般都以拥有数千亿日元的现金而闻名。

为什么任天堂有这么多现金呢？可以从家用游戏机行业的特征中分析其理由。家用游戏机行业现金的持有比例很高，是因为家用游戏机的销路难以预测。

经过充分准备，投入很多资金和时间开发的游戏机却完全卖不出去，这实际上并不稀奇，即使对业界顶尖企业任天堂来说也是如此。

也就是说，如果畅销的话可以得到很大的回报，但是如果完全卖不出去的话，损失同样很惨重。

如此看来，应根据行业和业务的特性，判断"有必要为预料之外情况的出现准备多少现金"。相应地，现金应该持有多少也会发生变化。

基于此，为了应对某些情况的发生，或者在商品滞销后通过研发新商品重新获得畅销地位，企业有必要持有大量现金。

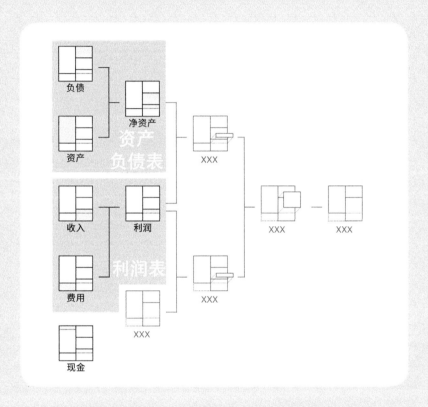

把"现金"填入地图。下面将介绍全面反映现金变化情况的"现金流量表"。

第 10 章
现 金 流 量 表

能够反映企业所有资金用途的书面文件

什么是现金流量表？

现金流量表可以总括地反映出现金在一年内发生了怎样的变化，企业将现金用到了哪里

现金的增减分成三种类型

	现金		负债
经营活动导致的现金增减	投资活动导致的现金增减	财务活动导致的现金增减	
资产			净资产
			利润
费用			收入

一年内增加的现金

从经营、投资和财务三个方面反映现金是由于哪种活动而发生了增加（减少）

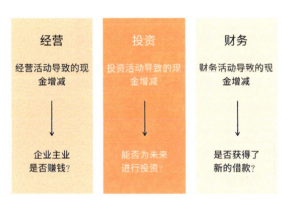

第10章 现金流量表

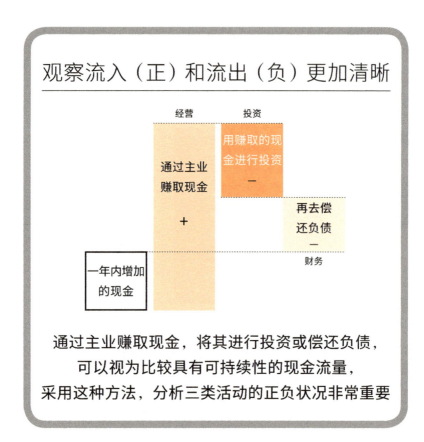

现金流量表可以作为了解企业现金使用方法的工具,它是区分经营、投资和财务三种活动类型,反映"现金花在什么地

方，花费的数额是多少"的书面文件。由于体现现金的流转，所以该表称为"现金流量表"，也称现金流量表。

与资产负债表和利润表一样，现金流量表也属于财务报表之一。前文已对资产负债表和利润表进行了介绍，至此三张报表就全部介绍完了。

完整地理解"现金如何取得，又如何使用"

现金流量表的历史比资产负债表和利润表要短，日本自2000年开始使用现金流量表，其原理不同于利润表和资产负债表，是一种独特的存在。

之所以要借助现金流量表计算现金，是因为尽管利用利润表计算出了利润，但实际上却难以把握现金流转的状况。手里没有现金的话，企业就会倒闭。有些情况下，也会出现"黑字破产"的情况，即确实获得了利润，但是手头没有现金，不能支付必要的费用从而倒闭。编制现金流量表的目的在于确认现金是否充足，现金使用是否合理。

那么，为什么要从"经营""投资""财务"三个方面来掌握现金的动向呢？这三个部分各自的含义不同。经营活动提供的正现金流量越多，说明企业所从事的主业越能赚钱。投资活动的负现金流量越多，说明企业向设备等进行的投资越多。财务活动的负现金流量越多，说明企业偿还的负债越多。

如果将现金的流转分解为经营活动、投资活动、财务活动三个部分的话，就可以知道企业是如何获得和使用现金的。

三个部分联系在一起可以反映"企业的意图"

把这三个方面的活动联系起来进行分析，可以看出企业从事不同的经营活动采取的政策。比如说，如果企业在投资活动方面积极投入现金（即负现金流量）的同时，在财务活动方面从银行大量借款（即正现金流量），那么可以断定企业"现在正处于进攻时期"，正致力于业务扩张。

从现金流量表看现金的动向，可以弄清本企业和竞争对手采取了怎样的战略行动。

关于"现金流量表"的例子

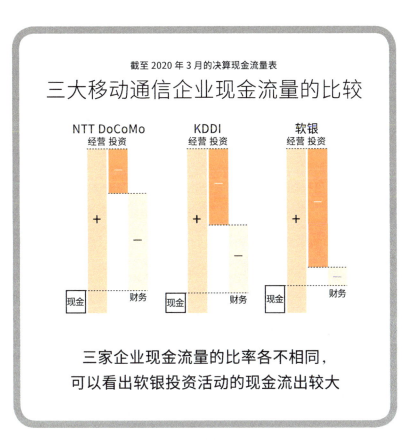

注:为便于比较,这里假定各企业经营活动的现金流量相同。由于是移动通信企业的比较,所以其中的软银仅限于软银自身,而不是软银集团。

第 6 章中关于"负债"的例子分析了各移动通信企业的负

债情况，此处再从现金流量表的角度加以介绍。每家企业的现金流量表都按照前述内容分成三部分。

首先，三家企业的经营现金流都是正的。也就是说，三家企业的主业都能赚钱。

关于投资活动的现金流量和财务活动的现金流量，三家企业都是负数。投资活动的现金流量是由于取得或出售固定资产等导致的现金增减。财务活动的现金流量是由于资金的筹措和偿还等导致的现金增减。可以看出，三家企业都通过投资取得了资产，并且都偿还了负债。

但是，从投资活动的现金流量和财务活动的现金流量来看，NTT DoCoMo 和软银存在很大差别。NTT DoCoMo 的投资较少，财务活动为大额现金流出。软银则投资多，财务活动产生了少量的现金流出。

如何解读这一现象呢？第 6 章中关于"负债"的例子中曾提到，软银的特点是有息负债多。该特点与较多的投资活动现金流出结合起来，可以推测出企业在利用负债筹措的资金进行投资。实际上，投资活动的现金流量是一个较大的负值，主要是通过购买股票的方式取得了子公司佐佐株式会社（ZOZO）。另外，从财务活动的现金流量来看，虽然作为现金流出的分红数额等发生了增加，但可以认为有息负债（从银行获得的借款等）的收入抵销了其中的部分支出。软银利用经营活动获得的现金和取得的借款，通过取得其他公司股权的方式来谋求企业成长。

与此相反，NTT DoCoMo 财务活动提供的现金流量则大幅为负。究其原因，首先从投资活动的现金流量来看，很大比例的现金流出与资产的取得有关。可以理解为将经营活动获得的利润，用于购置开展主业所需的资产。其次，还有一个主要因素抵销了投资活动的大额现金流出，即与三井住友信用卡株式会社资本关系的解除。该公司自 2005 年开始一直与 NTT DoCoMo 进行资本合作，但三井住友金融集团于 2019 年 4 月 1 日收购了三井住友信用卡株式会社的全部股份，从而使 NTT DoCoMo 得到了股票转让收入，导致投资活动的现金流出大为减少。

从财务活动的现金流量来看，现金流出集中在股息支付和偿还债务两个方面。也就是说，与软银正好相反，NTT DoCoMo 是将经营活动提供的现金流量投入到投资活动中，在做大主业的同时，通过偿还借款这一财务活动，推进财务的不断完善。

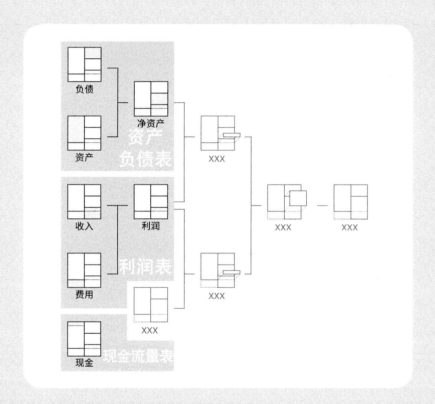

把"现金流量表"填入地图,至此为止分析的利润表、资产负债表和现金流量表三张报表,统称为"财务三表"。实际上这三张表之间存在紧密联系,下面将就这种联系进行介绍。

第 11 章

财务三表

将"利润"和"现金"联系在一起的三种书面文件

什么是财务三表?

是指具有代表性的三张财务报表

① 资产负债表 —— 也称 BS,BS 即 balance sheet 的首字母缩写

② 利润表 —— 也称 PL 表,PL 即 profit & loss 的首字母缩写

③ 现金流量表 —— 也称 CF 表,CF 即 cash flow 的首字母缩写

财务报表可以使企业经营变得可视化,这三张财务报表之间存在怎样的关系呢?

先看资产负债表

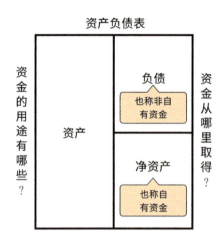

从资产负债表中可以了解企业资金的来源和用途，资产负债表是反映企业某一时点财务状况的报表

资产中包括现金，净资产中包括利润

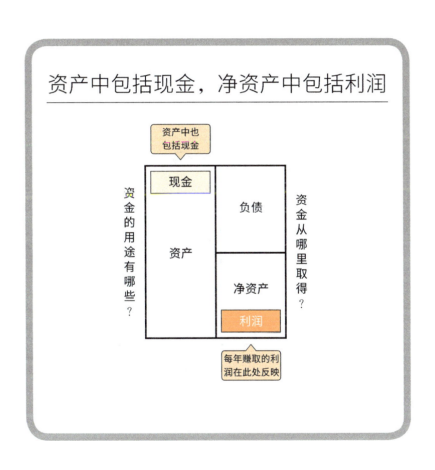

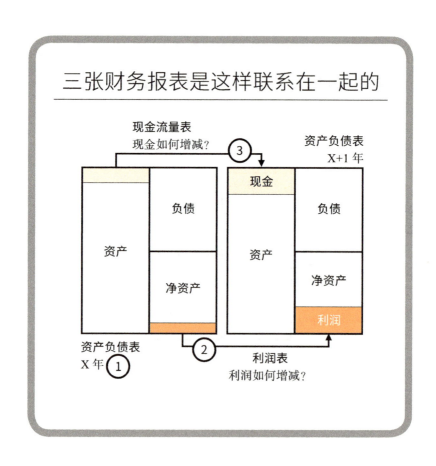

财务三表是前面介绍的三张财务报表利润表、资产负债表、现金流量表的统称。通过财务报表，可以实现企业经营状

态的可视化。这里没有必要再对三张报表重新介绍，直接往下读即可，因为搞清楚"为什么是这三张报表"比什么都重要。

"利润表"与"现金流量表"之间通过"资产负债表"相关联

在考虑三种报表之间的关系时，首先从资产负债表的分析开始。之所以从资产负债表开始介绍，是因为想强调"资产负债表是反映企业某一时点财务状况的报表"这一特点，后文将就此详细介绍。

资产负债表的右侧反映"资金的来源"，左侧则反映"资金的用途"。右侧大致分为"负债"和"净资产"两个部分。比如从银行借款的话，就是负债（非自有资金），自己出资的话就是净资产（自有资金）。

接下来就是"现金"和"利润"这两个非常重要的因素。企业基本上会周而复始地进行如下活动，即通过把筹集的资金转换成商品、店铺、工厂等资产，向顾客提供价值，作为对价再收到资金。其中赚取的利润每年都会积累到"净资产"中。

同时，筹集的资金完全不用、作为现金保留，也是"资金的使用方法"之一。因此，资产中也包含着"现金"。

三张财务报表的关系如下。

在上一幅图中，②处的利润表反映利润如何增减，③处的现金流量表反映现金如何增减。

本小节开头之所以说"资产负债表是反映企业某一时点财务状况的报表"，是因为可以将"利润表和现金流量表"理解为反映资产负债表的"利润和现金"如何形成的报表。这样考虑的话，财务三表由利润表、现金流量表、资产负债表构成的理由就清晰一些了。

"大家投资的资金是这样使用的，结果是这样的"

编制财务三表的根本目的是向企业的利益相关者说明企业的财务状况。所谓的利益相关者，是指那些因企业获得利润而受益，反之，因企业出现损失而受损的人。如同第4章中所述，利益相关者包括客户、员工、银行、政府、股东等。

特别是向企业出资的股东，当然想知道自己的出资是否被合理利用。因此，企业有必要向股东说明"大家投资的资金是这样使用的，结果是这样"。财务报表便是进行这种说明的书面文件。

企业通过财务报表与利益相关者进行沟通。利益相关者分别通过资产负债表了解"资金如何运用"，通过利润表了解"如何产生利润"，通过现金流量表判断"企业有多少现金"。这些报表是判断企业能否成为放心投资对象的重要参考资料。

商务人士阅读财务三表的意义

结合前述内容，看一下自己所在企业的财务三表，就可以知道自己企业的经营是否对利益相关者履行了其职责。

企业通过对社会提供附加价值来获得利润，从而使企业经营活动持续进行。股东也正是因为信赖企业可以产生附加价值，才选择向企业投资。

也就是说，企业并非独立存在，而是在与社会进行不断沟通的前提下从事经营活动。

企业是否创造出了足以满足股东期待的成绩？

成绩不够理想的话，哪里有改善的余地？

看了财务三表后，以上问题就可以找出答案了。

在把握企业整体情况的同时，考虑如何与社会建立更好的关系，获得信赖，这不仅仅是企业经营者需要考虑的，企业的每个人都要考虑。

关于"财务三表"的例子

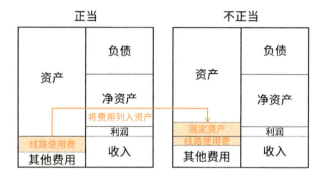

作为能反映财务三表关联的例子,此处介绍一下2000年前后发生在美国大型通信公司世通的有名的不正当会计事件。

为了披露更多的利润，世通竟然非法操作了 90 亿美元以上的资金，在社会上引起了极大的骚动。下面具体介绍事件发生的情况。

通常认为，不正当地扩大利润的手段有两种，一是增加收入，二是降低费用。虽然这两种手段世通公司都利用了，但费用的非法降低尤为明显。非法操作的资金中 79.2% 是"线路使用费"㊀。对于世通公司来说，线路使用费的数额很大，占到了费用的一半。

操控线路使用费的典型方法，是将本来应计入费用的线路使用费列为资产。具体来说，就是将支付给其他公司的通信基础设施的一部分租赁费用计入固定资产中。㊁也就是说，世通公司舞弊会计的一大特征是减少实际应负担的线路使用费，从而降低了费用，提高了利润。

正好在同一时期其他企业也发生了类似的不正当会计行为，因而该种行为被认为"并非个别企业的问题，而是整个美国的问题"。为了预防不正当会计行为的发生，美国制定了萨

㊀ 线路使用费是指将语音通话或数据通信从发送地发送到接收地时所需的费用。虽然世通是通信运营商，但也并不自行拥有使通信成为可能的全部基础设施，而是通过借用其他公司的基础设施，将通信网连接到本公司基础设施无法到达的区域，从而扩大用户范围。借用其他公司线路而产生的租赁费，就作为线路使用费处理。

㊁ 1999～2000 年，世通频繁地进行基础设施和网络方面设备的长期租赁。因此过剩设备成为问题，持续支付未使用的网络设备等的租赁费用成为负担。因此，基于"租赁合同等产生的过剩设备，其费用只有在将来产生收益后，才能确认为费用"的主张，世通将线路使用费计入固定资产，相应地费用减少，最终增加了利润。

班斯法案（SOX 法案）。

虽然提到了世通的例子，但是不正当会计并非只出现在某一个企业，而是全球范围内共同存在的问题，现在也有可能发生。不过从财务三表的关联来看，不正当会计是无法隐藏的。仅此而言，会计就已经具备了完整的框架。

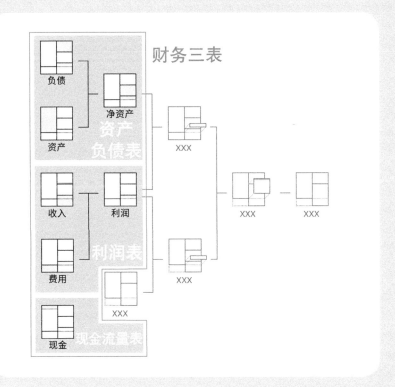

第 1 部分的内容全部结束。你终于读完了第 1 部分的所有章节,辛苦了。利润表、资产负债表和现金流量表共同构成了财务三表,它们对于理解企业资金流转非常重要。

接下来的第 2 部分,话题转向"从社会的视角看企业"。分析不再局限于细枝末节,而是将视野扩展到更大范围,希望你能够放轻松,继续往下读。

> 第 2 部分

企业
可以从社会
得到什么

第 1 部分针对个人如何分析企业资金流转的问题进行了介绍，从个人如何增加收入、降低费用、提高利润的视角出发，最终将落脚点放到了财务三表上。

第 2 部分将站在社会视角进行介绍，即关注"社会如何评价企业，社会如何看待企业"的视角。

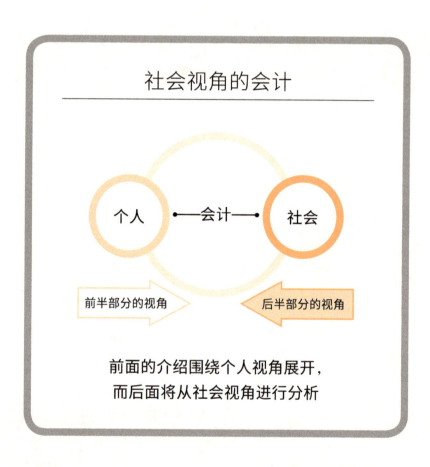

很多人通过工作为企业做贡献，企业又为社会做贡献。即使是不在企业工作的人，也会和某个企业发生交易。你和社会之间，往往有难以避免的"企业"。

对于"如何为企业做出贡献"，最好跟"企业如何评价个人"一起考虑。贡献的程度与得到评价的高低密切相关。当然，工作的目的并不是得到好评价，可是，如果得不到相当的评价，那么在企业继续工作是很难的。

个人为企业做出贡献，会受到企业的评价。与此相同，企业对社会做出贡献，也会受到社会的评价。之所以这么强调，是因为社会对企业的评价会关系到企业对个人的评价。相反，当出现来自社会的评价与来自企业的评价完全不同的情况时，也许就得考虑该企业的工作是否适合自己了。

社会本身会随着时代的变化而改变，来自社会的评价当然也会有很大变化。如果不能跟上这种变化，那么对于自己应该为企业和社会做什么贡献就会产生迷茫。

也就是说，通过了解"现在的社会中人们在追求什么"，可以思考"自己正在从事的工作的价值能被社会接受多少"。

第 2 部分首先探讨"企业价值"是什么这一话题。和第 1 部分一样，先用一张图整体概括全部的 5 个流程，然后再用图解的方式详细介绍每个流程。

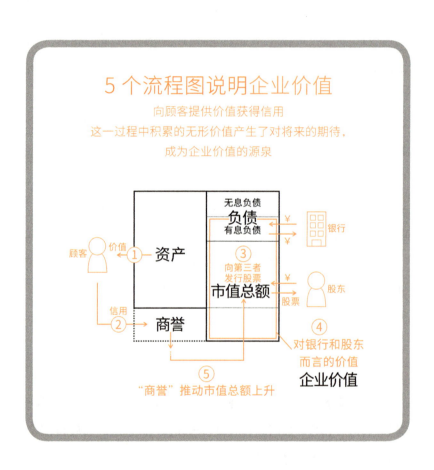

① 向顾客提供价值

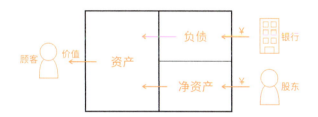

企业从银行和股东那里筹集资金，
通过将资金转换为资产的方式向顾客提供价值

② 积累品牌影响力和信用

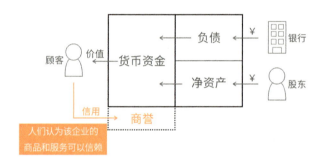

通过向顾客提供价值,积累品牌影响力和信用

商誉在日语中写作"暖簾",最初是指店铺门前挂的带有店铺名号的布,但会计上使用该词语反映品牌影响力、技术、信用等肉眼看不到的资产

会计上,商誉是指"自创商誉",其价值难以客观评价,所以目前无法包括在资产负债表中。自创商誉反映企业相较于其他企业具有的竞争优势

③ 向第三者发行股票

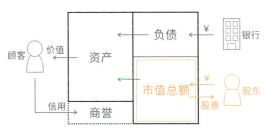

**品牌影响力和信用提高，
表现为发行股票时可以获得新的资本投入**

上市时发行价格乘以股票发行数量得到的"股票市值总额"，
多数情况下大于企业的净资产。此时的"商誉"可视为
市值总额减去净资产后的差额

企业被收购时，收购价通过协商来确定，此时，收购价减去净资产的差额称为取得商誉。
该商誉计入资产（无形固定资产），在一定期间内进行摊销，
但是采用国际财务报告准则（IFRS）的企业，其商誉不会定期摊销

第 2 部分　企业可以从社会得到什么

④ 对银行和股东而言的价值

股东的价值（市值总额）和银行的价值
（有息负债）的合计形成"企业价值"

市值总额本身就是股东的价值，而有息负债为什么也可以包含在"企业价值"中呢？因为尽管对企业来说，有息负债是借款，但对银行来说就是能产生利息的具有价值的资产。从银行和股东共同的视角衡量的价值称为"企业价值"

计算企业价值的方法有3种，此处是根据市场法进行介绍的

⑤ "商誉"推动市值总额上升

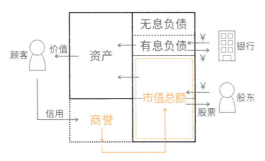

本质上讲,"商誉"有多少由社会进行评价,体现在对企业未来业绩的期待中,反映为市值总额的上升

如果对未来业绩看好以及企业信用提高,企业的股票就会受追捧,市值总额相应上升。相反,导致市值总额出现下降的诱因可能有多种,包括信用低下、业绩恶化等

积累商誉价值也不一定就必然带来市值总额上升,现实中可能出现资产负债表状况欠佳但未来预期向好等情况,导致市值变动的因素是比较复杂的

一般来说,企业的资金本来是股东和银行投入的,因此,

股东和银行价值的合计被称为"企业价值"。[一]但是，如果认为企业价值就是公司价值的全部的话，多少让人觉得有点不协调。

因为有很多人与企业相关联，其中有消费者、客户，甚至企业也影响着地球环境，大家都存在关联。

不必担心有误解，从结论上看，与企业有关的所有人都是关注"商誉"的。商誉承载着大家的期待，是反映消费者愿意支持企业，凝聚"这是一家能提供优质商品和美好体验的企业"期待的一个会计用语。

相反，如果企业有失信行为，商誉就会消失，结果企业价值也会下降。第 2 部分将就"商誉"非常重要的观点展开介绍。

要介绍的术语只有 4 个，即市值总额、商誉、PBR、ROE。虽然看起来可能会觉得很难，但是如果把到目前为止学过的知识利用起来的话，绝对不难。

另外，这里介绍企业价值的图解与第 1 部分的图解相似，但稍有不同。第 1 部分的图是把资产负债表与利润表合在一起的，第 2 部分中的资产负债表图中则加上了市值总额。虽然表达方式不同，但相同点是两者都以资产负债表为基础。就像硬币的正反两面一样，我希望大家能从不同的角度来阅读。

[一] 企业价值的计算有好几种方法，这里采用了"市场法"。这里的企业价值是股东价值和负债价值两者之和。对股东来说，理论上的价值是市值总额。关于市值总额，第 12 章详细介绍，通过分析该指标，可以知道"自己购买的股票价格上涨和下降的幅度有多大"。另外，负债价值是从银行角度衡量的价值。负债成为价值，你可能会觉得不可思议。但是，稍加分析可知，企业的负债对银行来说是资产。因为银行贷出资金后，收回的款项中包含利息。

第 12 章

市 值 总 额

可以满足人们预期的东西

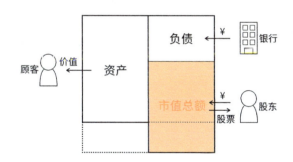

什么是市值总额?

市值总额是指已发行股票的数量与股票价格的乘积

市值总额是股票价格与股票数量的乘积

可以进行如下分解

| 市值总额 | = | 股票价格 | × | 股票数量 |

每股股票的价格　　发行股票的数量

例如
如果每股股票 100 日元，股票数量为 1 万股，那么市值总额就等于 100 万日元

"股票"代表成为公司所有者之一的权利，
可以发表意见，并可分到部分利润

↓

最初为何会购买公司的股票？

购买股票的意义

购买公司股票的理由是相信
未来公司的股价会上升

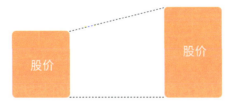

也就是说,预期未来公司的业绩有望持续上升
↓
业绩上升的预期是因何而产生的?

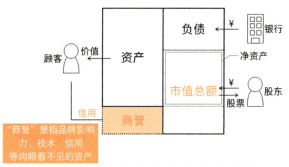

市值总额是股票价格与股票数量的乘积。如果每股股票100日元，股票数量为1万股，那么市值总额就等于100万日

元。人们越愿意购买的股票，其价格就越会上涨。人们究竟为何会购买公司的股票？

也许为了赚钱，也许为了支持公司。尽管动机和理由可能有很多，但是很多人选择购买某家公司的股票，是"真的考虑到这家公司的价值有提升空间"。

比如，知道某公司推出新商品后，如果认为该商品畅销的话，市值总额就会上升。对公司的评价一提高，买股票的人就多了。也就是说，市值总额上升与"大家的预期集中在一起"有关。相反，如果了解到某公司采取不正当手段增加收入，其市值总额马上就会下降。对公司的评价下降的话，卖股票的人就会增加。

对公司预期的上升或下降，是由构成社会的我们每个人的评价决定的。

由于市值总额集中体现着各种各样的人的各种预期和情绪，所以该指标不一定反映"公司的真正价值"。但是，正如"群体智慧"一词所说，如果某只股票被大规模买入的话，那么市值总额就能反映公司在市场中的价值。

在上市公司工作的人，可以看看自己的公司目前有多高的市值总额，哪些公司与自己所在的公司市值总额相当。不在上市公司工作的话，可以关注一下自己知道的公司或者客户中的上市公司。

对市值总额上升推手的真正理解

关于图解还有一点需要补充说明。也许有人看了图后觉得别扭，因为资产负债表中本来反映"净资产"的地方，换成了"市值总额"。

其理由如下：净资产可以理解为编制资产负债表时的价格（称为"账面价值"），而市值总额反映现时价格的变化情况（称为"市价"），两者都表示公司的价格。

正因如此，市值总额既可能会超过该公司原本拥有的"净资产"，也可能出现相反的低于净资产的情况。净资产与市值总额的这一差额就称为"商誉"，属于公司的无形资产。

关于"市值总额"的例子

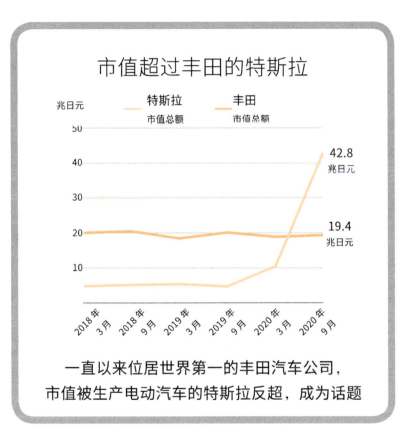

注：数字表示每半年的市值总额，日元与美元采用月末收盘价换算。

2020年6月，世界最大的汽车制造商丰田汽车股份有限公司的市值被电动汽车制造商特斯拉反超，成为话题。丰田汽车创立于1937年，2019年集团整体的销售量达到了1000万台以上的规模。

而成立于2003年的特斯拉2019年的销售量仅为约36万辆（不到丰田汽车的4%）。尽管如此，在市值上特斯拉还是超过了丰田汽车。

为什么特斯拉的市值会如此之高呢？首先是大家对电动汽车市场的预期。全球环境问题日益严重，产生了对环境没有危害的电动汽车的需求，特斯拉正好迎合了这种需求。再就是大家对著名的连续创业者伊隆·马斯克的期待。

从今后的发展动态来看，特斯拉一半的利润将通过销售"温室气体排放权"来获得。

一些国家和企业等采用"排放限额"制度，来规定可以排放的温室效应气体量。如果排放的温室效应气体超过了排放限额，就会被处以罚款。不过，仅靠企业自身控制其排放量，削减温室效应气体的排放是比较困难的。

因此，"排放权交易"制度应运而生。超过限额进行排放的企业，向实际排放量低于排放限额的企业购买排放限额，购入的金额可以看作温室效应气体的削减量。也就是说，排放量低于排放限额的企业可以通过出售其削减量来获利。

特斯拉是电动汽车制造商，在温室气体排放方面，电动汽车相较于以前的汽车制造商有一定优势，不但不会受到惩罚，反而创造了新的收益来源。很好地应对世界面临的共同课题"环境问题"，并且获得利润这一点，可能是股东所期待的内容。

但是，市值总额终究反映的是购买股票的投资家的预期值，不一定反映企业的价值。因此，高评价的市值在某一天也有可能突然崩塌。正因如此，不应该只看企业现在的市值，也要关注企业今后的发展。

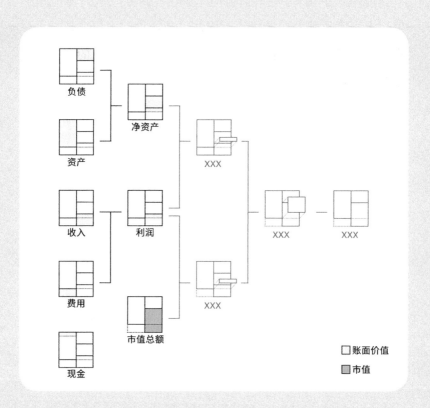

把"市值总额"填入地图。将截至目前的分析用不同颜色加以区分,浅色代表账面价值,深色代表市值。现时价格所确定的市值,是社会评价直接影响的结果。下面即将介绍的"商誉",是本书最想传达的内容之一。

第 13 章

商 誉

企业凭借创意以及努力等创造的价值

什么是商誉？

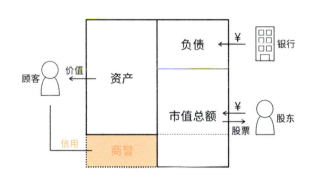

商誉是指品牌影响力、
技术、信用等肉眼看不到的资产

商誉是市值总额减去净资产的差额

可以进行如下分解

商誉 ＝ 市值总额 － 净资产

购得股票的总额　　　　单纯归企业的资产

例如　市值总额为1兆日元，净资产为7000亿日元，那么商誉就等于3000亿日元

高出净资产的市值总额如果很大，说明存在"商誉"

↓

商誉中包含哪些东西呢？

会计上，商誉是指"自创商誉"，其价值难以客观评价，所以目前无法包含在资产负债表中。自创商誉反映企业相较于其他企业具有的竞争优势

商誉中包含各种各样的项目

品牌影响力	技术	质量
销售网	创意	战略
人力资源	优越的地理位置	管理层

这些价值无法快速形成，
是付出经营努力以及通过创意而获得的东西
↓
价值不能单独衡量，无法反映在资产负债表中，
但本质上来说非常重要

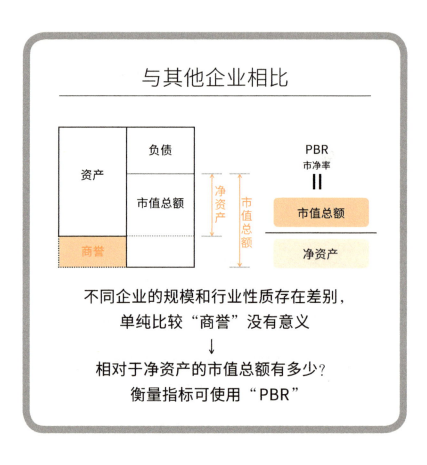

作为会计术语的"商誉"一词,源于店铺前垂下的"帘子"(在日语中写作"暖簾")。因为原本在帘子上就印有企业

的品牌和标识，所以是企业的象征。

商誉虽然没有列入企业资产，但在评价该企业时会包含进去。例如，有优秀的经营者，或者长年受消费者喜爱的品牌。这些无形的资产被称为"商誉"，在创造企业价值方面发挥着重要的作用。

商誉在英语中被翻译为 goodwill，即日语中的"信用"。也就是说，人们认为某家企业"是值得信赖的企业"，这会影响该品牌的价值，这部分被影响的价值被视为商誉。

正如在市值总额一章中所述，净资产与市值总额的差额即商誉。商誉与市值总额形成联动，市值总额上升时，商誉就随之增加。

通常，商誉不会包含在资产负债表中，其原因在于会计无法量化其价值。尽管如此，商誉在考虑企业价值方面起着非常重要的作用。

"因为是可口可乐，所以选择购买"

商誉之所以重要，是因为它本身就代表着企业的附加价值。

例如，即使是像可口可乐这样的世界知名品牌，企业长年形成的品牌影响力本身一般也不会反映在资产负债表中。但是，"可口可乐为人所知"本身就意味着信用和安心感，"因为是可口可乐，所以选择购买"的人在全世界都有，可以说这本身就是企业的附加价值。

正是因为商誉中包含的无形价值，才使企业长久存在，重要的是对社会也能带来影响。

话说回来，为什么"净资产与市值总额的差"会成为商誉呢？市值总额表示"如果收购那家企业，自己成为老板（股东）的话，多少钱可以买到"。

比如说，即使净资产只有 1 亿日元左右，但如果拥有世界知名的非常了不起的品牌的话，也许 10 亿日元才能买到，那么差额 9 亿日元便是商誉。

商誉源于"个人的创造性"

要获得商誉，创造性的构思非常有必要。品牌、创意、战略等肉眼看不见的东西，光花时间不一定能取得，用钱也不一定能买到，需要的是人的"功夫"。个人的创造性是商誉产生的源泉。

如此考虑的话，商誉这种资产就不是只有企业经营者才能创造的东西，在企业工作的任何人，只要有创意并且肯下功夫，就可以创造出来。可以说商誉是反映企业价值最重要的地方，正因如此，才需要"创造者"的力量。而且，财务上也要得到相应的体现。

我们曾经主持过网站和应用程序等的企划和设计工作。在我们的周围，有很多创作者，他们充满创意，提出崭新的概念，我们被他们的工作热情所感染。但是，他们的想法很难得到著作权保护，或者其价值被低估，根本无法得到与其所创造的价值相匹配的评价。所以，当知道"创作者内在的力量对企业价值产生深刻影响"这一事实的时候，我们获得了无比巨大的勇气。

不过，商誉是肉眼看不见的资产，很难单独数值化。另外，站在投资家的角度来看，市值总额 1 兆日元和市值总额 100 亿日元之类的规模不同的企业进行比较时，商誉的绝对值不具有可比性。正因如此，为了相对地看待商誉，采用通过比率来判断的方法，这种反映比率的指标是下面要介绍的"PBR"。

关于"商誉"的例子

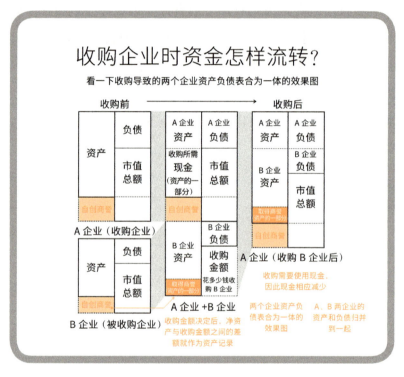

注：1. 决定收购金额的方法有好几种，所确定的金额不一定都等于市值总额。
2. 自创商誉不列入资产，但取得商誉即净资产与收购金额之间的差额列入（无形固定）资产。
3. 本例假定仅通过现金方式收购，也可以采用发行新股票的换股方式，或者采用现金＋换股的组合方式进行收购。
4. 会计上来说，本例中的收购属于"合并"，如果是单纯的 A 企业购买 B 企业股东持有的股票，那么就不会合并资产负债表，而将取得的对 B 企业的股票投资列入 A 企业的资产。

这个例子是基于 A 企业收购 B 企业的情况，探讨商誉的运作效果。收购企业需要做的事情之一，是把两个企业的资产负债表合并到一起。

实际上，商誉可以分为"自创商誉"和"取得商誉"两种。至此为止看到的都是没有被列入资产负债表的自创商誉。顾名思义，"自创商誉"就是自己认为自己"非常有信用""有品牌影响力"，并不具有客观性，所以不能列入以客观资料为依据编制的资产负债表中。

但通过收购事件，商誉变成了表象化的东西，即"取得商誉"。取得商誉会列入资产负债表中，因为"包括商誉在内的收购金额"是在收购方和被收购方双方认可的基础上决定的。通过收购，企业的自创商誉将转变为取得商誉。

企业的收购金额由"收购方对被收购方魅力程度的认识"来决定。通常，收购金额要高于被收购方的净资产。因为收购方就是认可被收购方净资产以上的价值才考虑收购的。

从上图中最左边的资产负债表转到中间的资产负债表，会发现"市值总额"换成了"收购金额"。如果是上市公司，市值总额是非特定多数人购买股票的全部金额，而收购金额则是特定人群购买股票的金额。术语不同而已，区别在于股票购买者属于特定还是非特定人群。㊀

㊀ 严格来说，两者是存在差异的，市值总额不过是一部分股票的买卖价格乘以已发行股票总数计算的结果，而收购金额则是实际进行了等价交换的实际金额。

支付收购金额后，A企业的现金会减少。收购花掉现金是理所当然的。减少的这部分现金使A企业的资产变少，同时与B企业的资产组合，成为最右边细长的资产负债表。

顺便说一下，不少人对商誉的印象一般就是"取得商誉"。作为数字列入资产负债表的的确也是取得商誉，但是，取得商誉可以说是"自创商誉的快照"。也就是说，自身积累起来的自创商誉在收购时会得到好评，成为取得商誉。即使没有在资产负债表中列示，商誉也经常在企业中发生增减变化。也就是说，两者在本质上可以说没有太大区别。

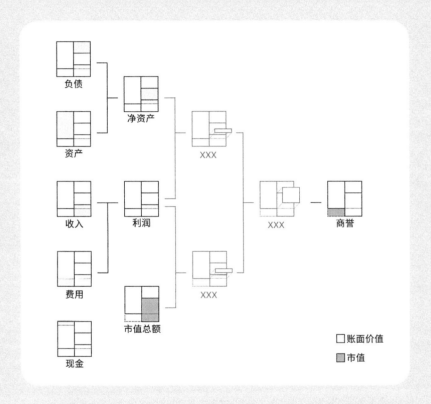

从结论开始介绍。地图的最右边是"商誉",第 1 部分一直在解释的各种术语最终都与商誉有关,这便是会计地图的框架。接下来要说明介绍商誉时涉及的重要概念"PBR"。

第 14 章
PBR

反映商誉的指标

什么是 PBR？

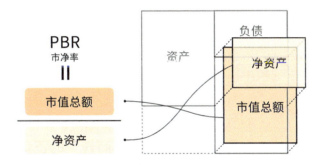

PBR 是反映相对于净资产，市值总额可以达到多高的一个指标，由于是比率，所以可以与其他企业进行比较

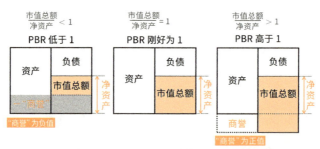

注：1. 这里的商誉是指会计上的"自创商誉"，没有包含在资产负债表中，所以用虚线表示。
2. "商誉"的价值不必然带来市值总额上升，现实中可能出现资产负债表状况欠佳但未来预期向好等情况，导致市值变动的因素是比较复杂的。

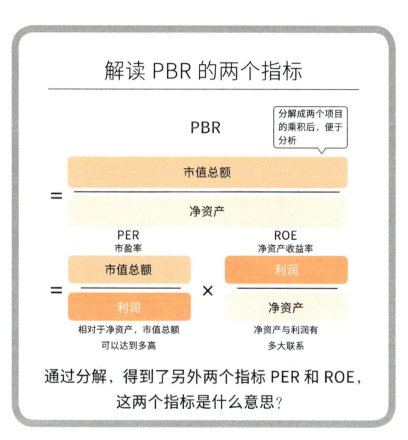

注：ROE 的分母使用自有资金比较合适，此处为简略起见使用了净资产。

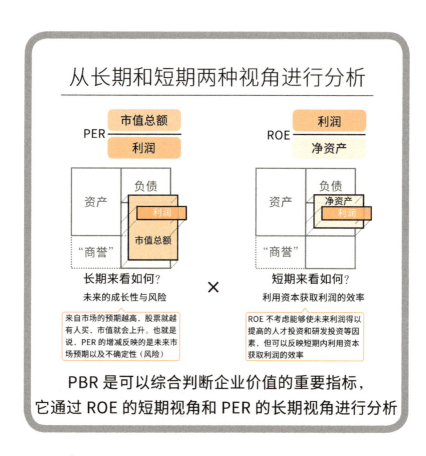

PBR（市净率）是表示"相对于净资产，市值总额有多高"的指标。由于间接地反映"商誉有多少"，所以可以说 PBR 是

衡量企业价值最重要的指标。

从"短期""长期"两方面衡量企业价值

PBR 可以分解为"PER"和"ROE"两个指标。如前图所示，从 ROE 中可以看出"利用净资产可以获得多少利润"，而 PER 则是反映"将来的成长性和风险如何"的指标。

ROE 是从短期视角，PER 则是从长期视角来衡量企业价值的指标。也就是说，它告诉人们一个重要的道理，即企业价值要从短期和长期两个角度来分析。

由以上两个指标组成的 PBR 可以说最能体现企业价值。只用"商誉有多少"的金额方式的话，很难进行不同企业的比较，而如果利用 PBR 这一指标的话，就可以进行比较。

PBR 表示"1"或"2"等倍数。市值总额和净资产 1 对 1 的话，PBR 为 1，1 对 2 的话 PBR 为 2，PBR 不足 1 的可能性也存在。"PBR 不到 1"表示市值总额低于净资产的状态，即"商誉为负值"。

进行股票投资时考虑 PBR

顺便说一下，PBR 和 PER 指标在股票投资时经常被用到。感觉股票投资方面的介绍与本书的介绍有些不同，所以针对股票投资的介绍做一点补充。

例如，PBR 不满 1 时，该企业的股票往往会被认为"低估了"。也就是说，被判断处于"股价低于本来价值"的状态。但是，这种判断有时正确，有时也不一定正确。

如果 PBR 变低的理由是企业没有发挥出原本的实力，或者该企业的魅力没被充分传递给市场，那么确实可以说是"低估了"。但是，如果低 PBR 已经属于"妥当的评价"，那么股价即使低也不能认为就是低估。

如此看来，PBR 和 PER 也可以作为判断"股票投资市场中股价是否被低估"的一个指标。这种看法当然不能算错，但是，"因为 PBR 低，所以企业价值就低"的想法的确有些过于简单。

本书想要强调的观点是，可以把 PBR 作为从长期、短期两方面衡量企业价值的综合性与根本性的指标，特别是可以体现"创造商誉的力量"。

当然，PBR 也并不是万能的，毕竟只是一个指标，企业价值并不能仅凭这一个指标来衡量。重要的是，企业要为增加商誉付出努力，并将其体现在社会评价的结果上，最终反映为 PBR 的提高。

PBR 是一个抽象度很高的概念，在企业工作的商务人士要想知道采取什么行动才能给 PBR 数值带来好的影响是很难的。"从明天开始做起"，此类行动方案又很难说出口。

不过，PBR 也可以"分解"。如同前面各章所学，通过分解，就可以具体考虑某些主要因素以及针对这些因素应采取哪些措施。所以，接下来探讨一下解释 PBR 时提到的"净资产收益率"（ROE）概念。

关于"PBR"的例子

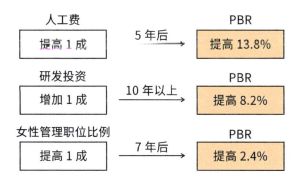

资料来源：卫材株式会社 2020 年年度报告。

采取什么行动，企业的 PBR 才能提高呢？PBR 可以分解成 ROE 和 PER 两个指标。ROE 可以通过提高利润来改善，但要提高 PER，就有必要提高对将来的预期。也就是说，为了提高 PER，长期措施一定比短期措施更为重要。

但是，由于缺乏长期措施与企业价值直接关联的数据，PBR 处于难以具体推进的状况。

在这种情况下，大型制药公司卫材株式会社独自进行了"采取什么行动会使 PBR 提高多少"的调查。通过分析长期行动方案，实证研究某种方案对企业价值有多大贡献，并用数字表示。

总结其研究内容的结果如下。[一]

- 增加 1 成人工费投入，5 年后的 PBR 将提高 13.8%。
- 研发投资增加 1 成，超过 10 年后的 PBR 增加 8.2%。
- 女性管理职位比例提高 1 成（例如由 8% 提高到 8.8%），7 年后的 PBR 会上升 2.4%。
- 育儿短时间工作制度利用者增加 1 成，9 年后的 PBR 提高 3.3%。

各种措施的效果会在 5 ～ 10 年后慢慢显现，意味着可以创造 500 亿～ 3000 亿日元的企业价值。

当然，这只不过是卫材一家企业行动方案的可视化研究结果，不能认为对所有企业都适用。但是，通过这样的实证实验，积累了数据，让人们知道了"本来没有包含在财务报表

[一] 参考资料：卫材株式会社 2020 年年度报告。

中，但是对整个社会都会带来良好影响"的东西与企业价值本身存在什么直接关联，同时形成了推进企业采取有益于社会的行动方案的环境，所以为这样的措施点赞。

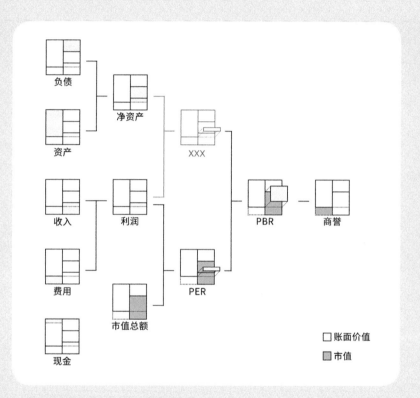

把"PBR"和"PER"填入地图。还剩一个概念需要介绍。这个概念就是"ROE",它在解释 PBR 时出现过,并且也将净资产和利润联系在一起。ROE 的分析是本书的最后一章,既然都读到这里了,索性就坚持到最后吧。

第 15 章
ROE

综合反映"能赚多少钱"的指标

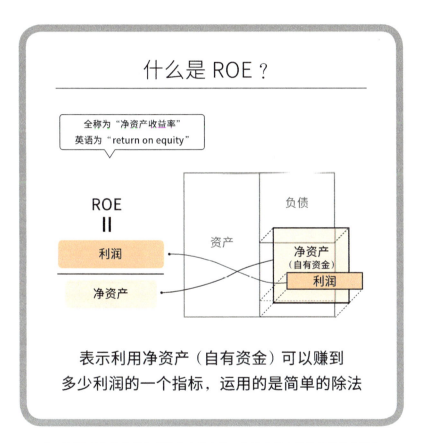

注：ROE 的分母使用自有资金比较合适，此处为简略起见使用了净资产。

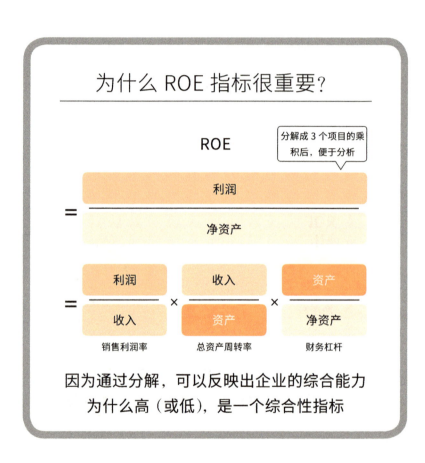

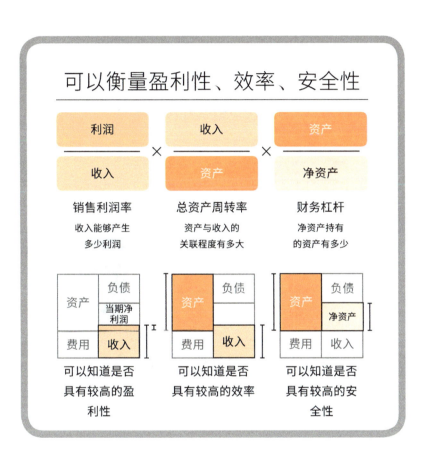

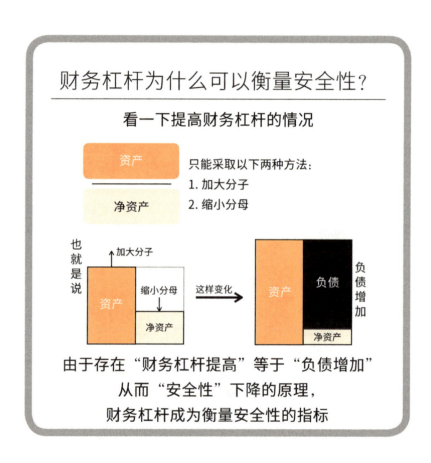

ROE（净资产收益率）是表示"净资产能赚取的利润有多高"的指标，英语为"return on equity"，ROE是其缩写。尽

管 R、O、E 三个字母的各种缩略语在商业场合经常能看到，但其中最频繁出现的是 ROE。

既是用于企业评价的概念，也是利用财务三表信息可以计算的指标

ROE 在日本受到关注的契机是 2014 年经济产业省发布了一份名为"伊藤报告"[一]的报告书。该报告书分析了"日本企业为什么在国际上竞争力不强"，非常受关注。其中建议"企业 ROE 最低限度以 8% 以上为目标"。

特别是上市公司的经营者表示很在意"8%"这个数字。因为分母是净资产，所以 ROE 被称为面向股东的指标。也就是说，提出了"向股东提交 8% 以上回报率的成绩"的建议。

当时我们感到重视 ROE 的提议不妥。因为股东毕竟只是利益相关者之一，企业不是只看股东来经营。但是，随着对 ROE 与 PBR 联系的了解，我们终于明白作为衡量短期企业价值的指标，ROE 是非常有效的。

正如图解所示，ROE 可以分解成三个部分，作为分别衡量盈利性、效率、安全性的指标，是非常好的框架。该方法最初由美国的化学制造商杜邦公司用于分析本公司经营，之后在

[一] 伊藤报告是一桥大学伊藤邦雄教授（当时）主持的经济产业省的项目"持续成长的竞争力和激励：企业和投资家的理想关系的构筑"的最终报告书的通称。

世界范围内广泛传播，所以也被称为"杜邦分析"。

比如软银就以很高的 ROE 而著称。原因之一是该公司积极利用借款，承担风险，加大了"财务杠杆"。通过分解 ROE，此类公司的特征就能看清楚。

分解 ROE 得到的销售利润率是"利润"与"收入"的比值，总资产周转率是"收入"与"资产"的比值，财务杠杆是"资产"与"净资产"的比值。经过分解，就会发现这些指标都是用第 1 部分学的术语计算出来的。也就是说，追溯第 1 部分学过的与财务三表相关的会计术语，就可以得出社会评价的重要概念。

关于"ROE"的例子

软银高 ROE 的原因

	ROE		销售利润率		总资产周转率		财务杠杆
软银	47.3%	≈	9.7%	×	0.5 次	×	9.8 倍
NTT DoCoMo	11.3%	≈	12.7%	×	0.6 次	×	1.4 倍
KDDI	14.6%	≈	12.2%	×	0.5 次	×	2.2 倍

各公司参照 2020 年 3 月决算数据

对手机运营商的 ROE 进行分解,可以发现只有软银比较突出,特别是其财务杠杆很高

第 15 章 ROE

比较一下各手机运营商的ROE，软银为47.3%，NTT DoCoMo为11.3%，KDDI为14.6%。软银异常高于其他两家公司，为什么只有软银这么高呢？

对此，分解ROE就明白了。

ROE可以分解成3个指标，即销售利润率、总资产周转率和财务杠杆。在3个指标中，软银的"财务杠杆"非常高。正如在负债一章所述，软银的负债比率压倒性地高于其他两家公司。"负债多的话，ROE很容易变高"的道理从这个案例中得以体现。

更进一步讲，ROE这个指标可能被有意地操纵，因为可以增加负债，即可以降低净资产的比率，相应就可以使ROE增加。

因此，不仅仅要看ROE，另外一个指标ROIC[一]近年来也受到了关注。ROIC是反映"企业为开展业务活动而投入的资金能产生多少利润"的指标。把利润作为分子，把有息负债和净资产加在一起作为分母来计算。分母表示为开展业务活动而筹措的资金。

另外，像应付账款那样的无息负债是开展业务活动时自然产生的，所以在此没有考虑。

ROIC具有无法通过增加负债操控财务杠杆的特征，所以被认为很有用。但是该指标不仅难以理解，而且很难传达给现

[一] ROIC被称为投入资本利益率，是英文return on invested capital的缩写。

场的人，所以使用起来存在很大障碍。

这里也并不是要求大家理解和接受 ROIC，只是想表达无论 ROE 还是 ROIC，"并不存在一个单一的万能指标"。也就是说，理解针对指标的各种看法，据此区分不同情况合理使用指标是很重要的。

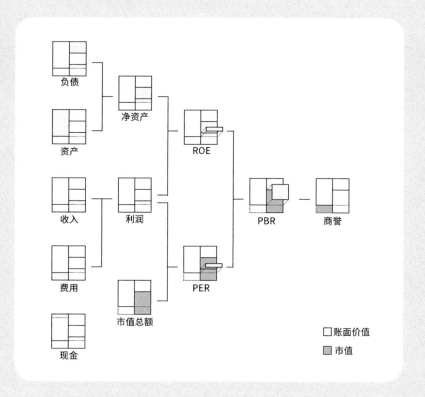

至此,地图的内容全部填完!辛苦了。从最开始的"收入"考虑的话,感觉整个分析过程还是挺漫长的。这个地图也描绘了通往"商誉"的路径。它使我们认识到,企业价值乍看起来好像很复杂,但实际上就是由不多的几个概念组合而成的。最后的第3部分是综合第1部分和第2部分的分析视角,说说想表达的一些观点。

第 3 部分

个人
可以为社会
做点什么

至此，分析了与会计关联的 15 个术语。同时，每个术语在"会计地图"整体框架中所处的位置也都一一进行了介绍。

第 3 部分将综合第 1 部分和第 2 部分的内容，展望即将到来的时代，探讨需要企业做些什么以及个人应该做点什么，想就这种连接未来的话题展开一下。

会计是透视社会的一个镜头

可以把会计当作透视社会的一个镜头。通过会计观察社会，很容易认清眼前的工作是如何与社会相联系的。

也许有人认为"学习会计是为了能胜任工作"或者"是为了获得技能提高工资"。这些说法当然有一定道理，但学习会计的本质意义并不在此。

从收入中减去费用得到利润，利润与 ROE 相关联，与商誉相关联。将企业资金的流转和社会联系在一起的形象刻画出来后，资金就如同有了生命，每种流转都是社会整体血液循环系统的一部分。通常，对于会计术语，多是学习其意思，能够意识到俯瞰不同术语关联的人很少。所以我们制作了"会计地图"，写成了本书。

也许有人觉得"不不不，不要那么夸张。提高眼前的收入就好了"。确实，只盲目地追求眼前数字的人一定会有。如果本书到此就结束的话，刚好印证了这些人的想法。

社会今后将发生急剧变化。不要只追求眼前的数字，而应理解其背后的意义，在此基础上了解社会是怎么变化的。

ESG 投资的潮流

应该关注的社会潮流之一是"ESG 投资"。ESG 是环境（environmental）、社会（social）、公司治理（governance）的英文首字母缩写，简单地说，它的宗旨就是"要重视地球环境和人类生存的社会，要选择能够建立保护它们的体制的公司进行投资"。

联合国在 2006 年提倡的 PRI（负责任投资原则）最早呼吁 ESG 投资，受到了全世界的关注。在日本，运作规模在 150 兆日元以上的 GPIF 公司（运作日本政府养老投资基金，是养老基金管理运用的独立行政法人）在 2015 年加入 PRI，开始了 ESG 投资，从此该投资理念备受青睐。

像 GPIF 公司这样的机构投资者为什么要进行 ESG 投资呢？进行"养老金"这种跨世代的超长期投资的运作时，需要获得长期利益而不是短期利益。

也就是说，GPIF 公司为了长期得到回报，需要考虑的不是某家公司股价的涨跌，而是整体经济风险的降低，所以像 ESG 那样考虑大风险的投资是合理的。

而且，这不仅仅关系到投资家。像 GPIF 公司这样运作巨额资金的机构投资家进行 ESG 投资，那么接受这些投资家投资的公司也必须实施基于 ESG 的经营。

极端地说，意识不到 ESG 的公司正在逐渐被淘汰。也就是说，从现在开始，不管哪个公司都不能无视 ESG 而经营了。

意识到 ESG 的话，销售一边倒的做法就没有立足之地了。一味地为了提高收入而牺牲环境和社会的廉价商品，总有一天会遭到批判，由于商誉产生的无形价值会下降，相应地企业价值就会下降。那样的话企业将筹集不到用于投资的资金，无法生产新的商品，结果收入就不能提高了。

虽说如此，但过于在意 ESG，长期优先考虑对环境和社会来说理想的投资，忽视眼前收入和利润的话，那么员工的工资将不能支付，新的投资也不能进行，企业已有的生存就不能继续。

也就是说，平衡在这里很重要。有必要同时考虑提高利润和增加商誉。这不是只有经营者才需考虑的问题，每个工作的人都有必要理解企业资金流转的整体情况，并将其与自己的行动联系起来。

兼顾社会性和经济性的"创造性"

不仅要追求眼前的收入和利润，还要像 ESG 一样同时考虑环境和社会。也就是说，同时实现社会性和经济性。

这两个方面在性质上容易成为相反的概念。两者本来并不是对立的概念，但是往往会出现重视经济性而牺牲社会性，或者重视社会性而牺牲经济性的情况。比如说，为了达到重视经济性从而降低成本的目的，在业务活动中使用价格便宜但对环境有很大不利影响的资源，或者为重视社会性支援苦于贫困的人，从事难以产生利润的活动。要想超越这两种对立，有一点需要考虑。

这就是创造性。也许有人会觉得会计没什么创造性可谈，但我们真的不这么认为。

正如第 2 部分讲的那样，社会给予企业高评价时，"看不见的价值"才是最重要的。第 1 部分讲到有形资产是"现金本身"和"知道会变成现金的东西"。也就是说，有形资产是在经济合理的条件下可以被衡量的价值。但是，如果包含了商誉之类的看不见的无形资产，可以说"能不能变成现金就不知道了"。

没有包含在资产负债表中的品牌、信用、渠道等资产，不是一朝一夕就能到手的，也不是花钱就能到手的，它们需要创意、用心去接待客人、展示企业的社会立场、技术上推陈出新，这些都离不开创造性。

无形的价值创造今后的时代

世界范围内对"无形资产"的投资持续增加。全球市值总额排行榜上前几位的公司，几乎都拥有大量的无形资产。在美国，企业拥有的有形资产和无形资产的比例实际上正在发生逆转。

从美国标准普尔 500 指数这一大企业市场价值的构成来看，过去公司评价关注的是有形资产，但随着时代的变迁，评价也更多地转向了无形资产，这是价值的大转变。

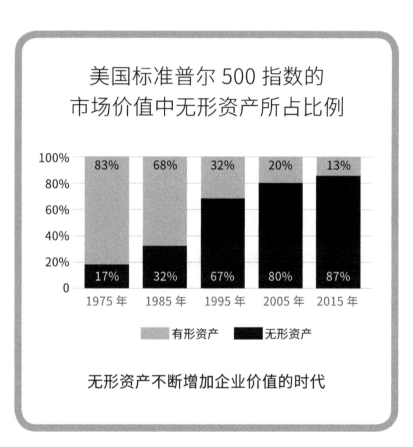

注：参照经济产业省《伊藤报告2.0》。

提到过多次了，越是无形的资产，越需要创意。能用金钱买到的东西，出钱就行。但品牌和信用等资产的形成过程中，创造力是不可或缺的。

也就是说，今后的社会需要创造性。

毫无疑问，经济合理性很重要。不赚钱的话就谈不上持续性。但是，在经济合理性之上，未来更需要创造性和社会性。

日本社会是否被低估

前文提到过伊藤报告，日本经济产业省于2017年发表《伊藤报告2.0》。其中有"PBR大于1很重要"的主旨内容。但日本的现状是，PBR不足1的企业有一半以上。我们第一次了解到这个信息的时候，很受冲击。PBR不足1是指市值总额比净资产还要低。也就是说，日本超过一半的企业连本来拥有的净资产，都没有得到市场的认可。

为什么没有得到市场的认可？为什么PBR低？有各种各样的看法，其中一个重要原因是创造商誉的能力不足。创造商誉的力量是创造性的发挥。

反过来说，PBR低是因为企业还有激发创造性的余地。怎么做才能创造出更多看不见的价值，才能创造商誉，才能使企业为社会做贡献，希望和读这本书的各位一起探讨。

激变时代"创造性"成为关键

不仅仅是ESG，还有DX（数字传送系统）和SX（卫星导航系统）等，时代急剧变化的浪潮中，有很多企业在探索新的商业模式。

到现在为止的做法、到现在为止的想法都不再适用。变化在急速地进行着。这种时候，会出现循环往复的快速尝试、挑战失败、快速调整，必须敏捷地更新价值观，必须灵活地处理事情。为了能够应对变化，我们需要具备认识时代和课题并快速应对的创造力。

培养"创造性"的方法:"反论的机理"

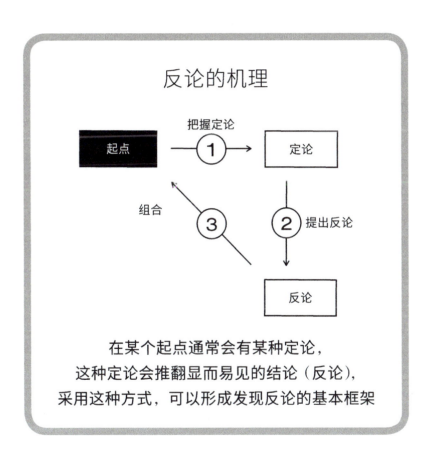

为了培养创造性,我们想介绍一个框架,这就是被称为"反论的机理"的方法。

反论的机理是思考"如何颠覆理所当然"的框架,由"起点""定论"和"反论"三个框组成。

起点的框代表"所思考领域的主题"。

定论的框代表"对起点理所当然、常识性的思考方式"。

反论的框代表"与定论相反的概念"。

比如,第12章介绍的特斯拉的商业模式中,起点是"汽车制造商",定论是"靠汽车赚取利润",反论是"汽车以外也能赚取利润"(排放权交易)。

"反论"颠覆"定论"的程度越强,就可以认为越具有创造性。颠覆当然是很困难的。每个人马上能想到的想法,就是某些人正在实现,或者想实现但没能实现的东西。

首先,从寻找谁都觉得"怎么也无法颠覆"的定论开始。颠覆这个理论的话,反论的冲击必然会变大,实现后会成为话题,会受到认可和提升预期,从而形成无形的价值。

在思考反论时,应该注意的是<u>"定论会随着时代而变化"</u>。某个时期作为反论的尖锐的想法,如果被时代追捧而被普遍接受的话,就成为定论了。

例如,人类的主要交通工具由马变成了车,也是因为当时"移动靠马来完成"的定论被"移动靠车来完成"的反论所颠覆。如果今后自动驾驶被普遍接受的话,那么"汽车是人来驾驶的"这一定论,没准就会朝着"汽车是自动驾驶的"这一反论发展。

定论就是把那个时代"普遍接受的东西"语言化的过程。越是普遍接受的东西，越是难以产生推翻它的反论。但是，到目前为止，人类还是在不断捕捉经常变化的定论的同时，催生了新的反论。

"今后，需要什么样的反论呢？"

答案是社会性和经济性的兼顾，为了克服难以兼顾两者的困难，希望持有相反见解和创造性的想法能够涌现。

特斯拉

由于考虑对环境的影响,电动汽车制造商特斯拉从其他汽车制造商那里获得利润

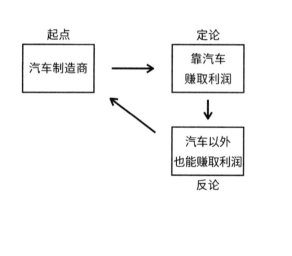

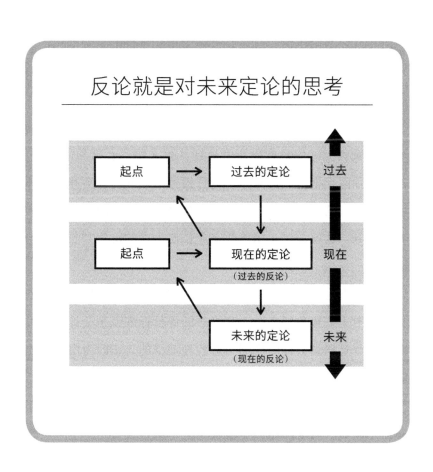

"创造性"和会计有什么关联

也许有人会觉得这部分内容离开会计的话题了,但实际上这与会计是相联系的。在撰写本书期间,以新型冠状病毒感染的肺炎为代表的传染性疾病给世界带来了巨大的损害,改变了人们一直以来的生活。过去,被称为雷曼事件的金融危机,向人们提出了"这样重视短期视角的资本主义能继续下去吗"的质疑。

世界被各种各样的问题缠绕着,处理得越慢,人类持续的可能性就越低。像机构投资者那样从事大额资金交易的机构,越来越倾向于抱有危机意识,进行投资时放弃对社会和地球环境造成损害的业务,而选择考虑对社会和地球环境产生有利影响的业务。这就需要运用能使企业长期生存的价值判断和行动框架。

会计作为其中一环,发挥着很大的作用。因为作为资本主义社会中主要角色的企业,其绝对的评价标准就是会计。也可以说企业是根据会计的规则考虑各种动机的。正因为由会计的规则决定,企业才有了必须提高利润的想法。

取代这些数字的是与"财务"领域存在很大反差的"非财务"领域。对地球做出了多大贡献,对社会做出了多大贡献等,很难用数值来衡量。非财务领域虽然很重要,但是因为很难以数字的形式表现,所以总是被忽略。

例如,如果企业污染了环境,在被问责之前,长时间会计上的数字无法表现出来，所以现状是，现有机制在发现污染方面具有滞后性。但是，假设环境受到污染，而污染环境会使企业利润减少的话，就会对企业产生不污染环境的激励。实际上，旨在将环境方面的成本换算成数字，并包含在计算中的研究正在世界范围内盛行。

另外，目前"人的价值"基本上没有被纳入会计的规则中予以考虑。经营团队的魅力和工作人员的魅力，只是间接地反映在商誉中，没有直接衡量的指标。工资每年都会计入利润表，但因为不能成为资产，所以不计入资产负债表。这方面应该改善的讨论也在进行。

也就是说，现在无法用数字表示的"非财务"领域已经伴随时代的要求而逐步引入会计准则，从而使企业活动以及企业中每个人的工作，通过会计被激发出强烈的动机。

尽早抓住这种动向，跟随今后时代的会计动向开展行动，这就是所谓的反论的机理。清楚现在的定论，经常思考"今后会出现什么样的反论"并付诸行动，这是今后激变时代所需要的。

不属于"会计的书"

这本书不是所谓"会计的书"。

它并不想传播会计的基本知识。

它也不是想说应该学习簿记。

它更不是强调要背诵术语。

除非本职工作和会计相关，否则不记也没关系。

写这本书，是想通过理解企业的资金流转以及社会的资金流转，思考自己如何面对眼前的工作，如何面对前方的社会。

会计说到底只是个镜头。

如果没有让你想往前看的东西，生活就没有意义。

如果能通过会计看清楚自己跟社会的联系，那么你对社会的理解程度会比现在更高，自己今后应该做什么，必定会逐渐地清晰起来。

最后，我们有一个请求。我们希望大家能够通过社交网站投稿交流对这本书的感想，大家发现的、得到的、读过该书后想尝试的，什么内容都可以，只引用书中印象深刻的地方也可以。

如果能够标注"会计地图"主题投稿的话，我们会尽可能全部查看。

书不是双向媒体。读者对书有什么看法，作者几乎没有机会知道。因此，通过在社交网站上分享，包括读者和作者在内，大家可以一起思考怎样才能让会计更容易理解、更有趣，并能够共享这些认知。

结 束 语

我本来很不擅长谈论商务和资金,既然如此,为什么要写与会计有关的书呢？最后我想就此说明一下。

在创业公司里,我举办过主题为"创造性对社会课题的支持"的活动,接触了在非营利组织等最前线直面社会课题的人们,跟他们有较多对话的机会。我也做过表达想法的品牌标识、传达信念的电视广告宣传、募捐的网站、宣传册等。能做的东西做了不少,但是活动中始终需要解决的是"资金"问题。

无论如何,资金不够。资金不够的话就无法开展活动。社会性课题的解决不收费,开展活动后,很难实现让受益者负担（获得利益的人付费）。例如,在解决孩子贫困问题的活动中,接受所提供价值的对象是孩子和他们的家庭,但是贫困的家庭没有能力支付作为对价的资金。

尽管办的是社会所需要的活动,但是活动很难继续下去。对于社会课题,不仅仅需要具有创造性,经济合理性也有必要具备。但是,这很难,让人很烦躁。

带着这种对社会课题的感受,我进入了商学院。刚开始学习的时候,受不擅长商务意识的影响,我不是很喜欢所学的课程,但渐渐地我觉得"有趣"起来。商业是有创造力的,充满了人类的智慧，是一个非常完美的体系。

喜欢"完美体系"的我，为了传达商业的趣味性，和50人规模的社区成员一起，于2018年出版了《商业模式2.0图解》（角川书店）一书，图解分析了全世界100种商业模式。对我来说，"图解"并不是单纯"用绘画表示"的意思，而是捕捉某个概念的构成，明确其结构和规则的方法。所幸的是该书被很多人阅读，发行了9万册以上。

2017年11月，后来担任本书编辑的钻石出版社的今野先生与我取得联系。最初我们商谈的书以"商业模式的图解"为主题。但是，在那不久前我已经接受了其他出版社同样主题的委托，并且已经取得了进展。

因此，我们新策划的主题是"商务术语的图解"，计划把所谓的商务术语分成人、财物和资金，分别进行图解。除了会计术语，还包括五力分析、波特的基本战略、组织变革的7S框架等商务术语的图解。

在写作的过程中，我感觉很难聚焦信息。由于涉及的范围太大，单个内容只能粗浅地进行介绍，而且旨在"用图解方式解说商务术语"的书市场上已经有了。同样的事情有人做过，自己就没有必要再做了。"先到先得"才对。如果没有本书介绍的"反论"性的策划，我早就想放弃了。

就在为"必须从根本上改变做法"所困时，因工作需要，我写了一篇关于"入职第1年想知道的资金的故事"的报道，以图解方式说明了收入、费用和利润的关系。这篇报道收到了超出预期的反响。

以这件事以及开头所写的自己曾经抱有的"商业经济合理性"问题意识为契机,我锁定了不囊括人、财物和资金的全部内容,而是把话题集中到"资金"上的写作方向,即写一本有关会计的书。此时是 2019 年 5 月。

当时,我打算解说的会计术语有 50 个以上。但是,我还是觉得"比起网罗式的解说,更想聚焦真正想传达的东西",于是设计出了"会计地图",把利润表和资产负债表简单组合起来,用颜色来区分介绍会计术语。向推特投稿后,加上相关的投稿,收到了超过 1 万个回应的良好反响。

对投稿给予回应的主要是至今为止没有接触过会计的人们。他们虽然感受到了学习的必要性,但是和以前的我一样,抱有不擅长会计的想法。这促使我想写一本这些人能读懂的"阅读入门书前阅读的入门书"。

迄今为止会计的书大多是以"必须学习的东西"为前提写的,如果读者抱着"没办法"的态度去学,很容易就变成痛苦的背诵。所以我强烈希望出一本"想学就学""看起来很有趣,所以想读读看"的书。

因此,我必须在兼顾抓住会计要点的同时,将术语的数量控制在最小的范围内,一个一个地精心图解。另外,在内容构成方面,力求使本书成为沟通会计与其他问题的桥梁。这些问题与从事商务活动的所有人相关，涉及范围很广，包括今后的商务会变成什么样，什么样的事情是社会所需要的，自己要做什么。

回首过往，尽是波折。能走到现在这一步，要感谢支持我的各位。感谢在开始写这本书时邂逅，在写作过程中结婚，一直作为心灵支柱，于公于私都是伴侣的妻子吉备友理惠。她无数次深夜给我反馈，由衷感谢。非常感谢从一开始就陪伴向前，参加了所有商谈，一起写完包含我不擅长的内容在内的所有书稿的冲山诚。

我想要对会计术语进行图解介绍，是因为在格洛比斯经营大学院大学上学时，被会计课所吸引。再次向松本泰幸先生表示感谢。松本老师讲得太有趣了。我在写作过程中也收到了他的很多反馈，没有松本老师的指点，本书不可能顺利完成。也非常感谢审校者岩谷诚治先生。基于对初学者"易懂"和会计"正确性"的平衡，并且最大限度地接受我的想法，岩谷先生帮我考虑到底怎样表述才能达到最佳的平衡，对难以表达的地方从头到尾亲自斟酌。

公司的各位成员，在我为执笔而烦恼的时期也依旧守护左右。也想感谢在初期阶段尽力的社区成员。尽管由于我能力不足，写作过程进行得不够顺利，但是通过和大家讨论我收获了很多。

还有编辑今野先生，谢谢您，付出了三年心血。因为今野先生始终不懈地发现本书价值，才让我认识到其价值的存在。还有很多其他数不完的人支持着我，真是感激不尽。

如果通过这本书，能让很多人多少感受到自己和社会的联系，并借机面向未来做出积极行动的话，那就太好了。

2021 年 3 月

近藤哲朗

会计极速入职晋级

书号	定价	书名	作者	特点
66560	49	一看就懂的会计入门书	钟小灵	非常简单的会计入门书；丰富的实际应用举例，贴心提示注意事项，大量图解，通俗易懂，一看就会
44258	49	世界上最简单的会计书	（美）穆利斯 等	被读者誉为最真材实料的易懂又有用的会计入门书
59148	49	管理会计实践	郭永清	总结调查了近1000家企业问卷，教你构建全面管理会计图景，在实务中融会贯通地去应用和实践
70444	69	手把手教你编制高质量现金流量表：从入门到精通（第2版）	徐峥	模拟实务工作真实场景，说透现金流量表的编制原理与操作的基本思路
69271	59	真账实操学成本核算（第2版）	鲁爱民 等	作者是财务总监和会计专家；基本核算要点，手把手讲解；重点账务处理，举例综合演示
57492	49	房地产税收面对面（第3版）	朱光磊 等	作者是房地产从业者，结合自身工作经验和培训学员常遇到问题写成，丰富案例
69322	59	中小企业税务与会计实务（第2版）	张海涛	厘清常见经济事项的会计和税务处理，对日常工作中容易遇到重点和难点财税事项，结合案例详细阐释
62827	49	降低税负：企业涉税风险防范与节税技巧实战	马昌尧	深度分析隐藏在企业中的涉税风险，详细介绍金三环境下如何合理节税。5大经营环节，97个常见经济事项，107个实操案例，带你活学活用税收法规和政策
42845	30	财务是个真实的谎言（珍藏版）	钟文庆	被读者誉为最生动易懂的财务书；作者是沃尔沃原财务总监
64673	79	全面预算管理：案例与实务指引（第2版）	龚巧莉	权威预算专家，精心总结多年工作经验/基本理论、实用案例、执行要点，一册讲清/大量现成的制度、图形、表单等工具，即改即用
61153	65	轻松合并财务报表：原理、过程与Excel实战	宋明月	87张大型实战图表，手把手教你用EXCEL做好合并报表工作；书中表格和合并报表的编制方法可直接用于工作实务!
70990	89	合并财务报表落地实操	蔺龙文	深入讲解合并原理、逻辑和实操要点；14个全景式实操案例
54616	39	十年涨薪30倍	李燕翔	实录500强企业工作经验，透视职场江湖，分享发展技能，让涨薪，让升职，变为现实
69178	169	财务报告与分析：一种国际化视角	丁远	从财务信息使用者角度解读财务与会计，强调创业者和创新的重要作用
69738	79	我在摩根的收益预测法：用Excel高效建模和预测业务利润	（日）熊野整	来自投资银行摩根士丹利的工作经验；详细的建模、预测及分析步骤；大量的经营模拟案例
64686	69	500强企业成本核算实务	范晓东	详细的成本核算逻辑和方法，全景展示先进500强企业的成本核算做法
60448	45	左手外贸右手英语	朱子斌	22年外贸老手，实录外贸成交秘诀，提示你陷阱和套路，告诉你方法和策略，大量范本和实例
70696	69	第一次做生意	丹牛	中小创业者的实战心经；赚到钱、活下去、管好人、走对路；实现从0到亿元营收跨越
70625	69	聪明人的个人成长	（美）史蒂夫·帕弗利纳	全球上亿用户一致践行的成长七原则，护航人生中每一个重要转变